〈김광순 소장 필사본 고소설 100선〉
권익중실기 · 두껍전

역주 강영숙姜英淑

대구에서 태어나 학업을 쌓았다. 경북대학교 대학원에서 『조선후기열녀전의 유형과 의미朝鮮後期 烈女傳의 類型과 意味』로 문학석사 학위를 받았고, 영남대학교 대학원에서 『한국의 열녀전 연구』로 문학박사 학위를 받았다. 2006년에 한국불교문인협회 제7회 신인상 수상 시부문에 당선되어 등단했다. 시작품으로 『대지大地』, 『귀원歸原』, 『만추晩秋』, 『해인사』 등이 있다. 논문으로 「조선조 열녀전의 구성 방식과 문학사적 의의」(정신문화연구 제30권 2호, 한국학중앙연구원, 2007) 등 다수가 있고 저서로 『대구지명유래총람』(공저) 등 6권, 역서譯書 『국역인백당선생일고國譯忍百堂先生逸稿』(2006), 『국역계산유고國譯桂山遺稿』(2012) 등이 있다. 현재 경북대와 향교에서 강의하고 있다.

택민국학연구원 연구총서 24
〈김광순 소장 필사본 고소설 100선〉

권익중실기 · 두껍전

초판 인쇄 2015년 12월 21일
초판 발행 2015년 12월 31일

발행인 비영리법인택민국학연구원장
역주자 강영숙
주 소 대구시 동구 아양로 174 금광빌딩 4층
홈페이지 http://www.taekmin.co.kr

발행처 (주)박이정
　　　　대표 박찬익 ▌편집장 권이준 ▌책임편집 김지은
주 소 서울시 동대문구 천호대로 16가길 4
전 화 02) 922-1192~3 ▌**팩스** 02) 928-4683
홈페이지 www.pjbook.com ▌**이메일** pijbook@naver.com
등 록 2014년 8월 22일 제305-2014-000028호

ISBN 979-11-5848-096-7 (94810)
ISBN 979-11-5848-090-5 (셋트)

* 책값은 뒤표지에 있습니다.

택민국학연구원 연구총서 24

김광순 소장 필사본 고소설 100선

권익중실기 · 두껍전

강영숙 역주

(주)박이정

간행사

  21세기를 '문화 시대'라 한다. 문화와 관련된 정보와 지식이 고부가가치를 지니기 때문에, '문화 시대'라는 말을 과장이라 할 수 없다. 이러한 '문화 시대'에서 빈번히 들을 수 있는 용어가 '문화산업'이다. 문화산업이란 문화 생산물이나 서비스를 상품으로 만드는 산업 형태를 가리키는데, 문화가 산업 형태를 지니는 이상 문화는 상품으로서 생산·판매·유통 과정을 밟게 된다. 경제가 발전하고 삶의 질에 관심을 가질수록 문화 산업화는 가속도가 붙을 것이다.
  문화가 상품의 생산 과정을 밟기 위해서는 참신한 재료가 공급되어야 한다. 지금까지 없었던 것을 만들어낼 수도 있으나, 온고지신溫故知新의 정신으로 오랜 세월에 걸쳐 그 훌륭함이 증명된 고전 작품을 돌아봄으로써 내실부터 다져야 한다. 고전적 가치를 현대적 감각으로 재현하여 대중에게 내놓을 때, 과거의 문화는 살아 있는 문화로 발돋움한다. 조상들이 쌓아온 문화유산을 소중히 여기고 그 속에서 가치를 발굴해야만 문화 산업화는 외국 것의 모방이 아닌 진정한 우리의 것이 될 수 있다.
  이제 고소설에서 그러한 가치를 발굴함으로써 문화 산업화 대열에 합류하고자 한다. 소설은 당대에 창작되고 유통되던 시대의 가치관과 사고 체계를 반드시 담는 법이니, 고소설이라고 해서 그 예외일 수는 없다. 고소설을 스토리텔링, 영화, 드라마, 애니메이션 등 새로운 문화 상품으로 재생산하기 위해서는, 문화생산자들이 쉽게 접하고 이해할 수 있게끔 고소설을 현대어로 번역하는 작업이 선행되어야 한다.
  고소설의 대부분은 필사본 형태로 전한다. 한지韓紙에 필사자가 개성 있는 녹녹한 흘림체 붓글씨로 썼기 때문에 필사본이라 한다. 필사본 고소설을 현대어로 번역하는 작업은 쉽지가 않다. 필사본 고소설 대부분이 붓으로 흘려 쓴 글자인데다 띄어쓰기가 없고, 오자誤字와 탈자脫字가 많으며, 보존과 관리 부실로 인해 온전하게 전승되지 못하는 경우가 대부분이다. 그뿐만 아니라, 이미 사라진 옛말은 물론이고, 필사자 거주지역의 방언이 뒤섞여 있고, 고사성어나 유학의 경전 용어와 고도의 소양이 담긴 한자어가 고어체로 적혀 있어서, 전공자조차도 난감할 때가 있다. 이러한 이유로, 고전적 가치가 있는 고소설을 엄선하고 유능한 집필진을 꾸려 고소설 번역 사업에 적극적으로 헌신하고자 한다.

필자는 대학 강단에서 40년 동안 강의하면서 고소설을 수집해 왔다. 고소설이 있는 곳이라면 주저하지 않고 어디든지 찾아가서 발품을 팔았고, 마침내 474종의 고소설을 수집할 수 있게 되었다. 필사본 고소설이 소중하다고 하여 내어놓기를 주저할 때는 그 자리에서 필사筆寫하거나 복사를 하고 소장자에게 돌려주기도 했다. 그렇게라도 하지 않았다면 지금쯤 벽지나 휴지의 재료가 되어 소실되었을 가능성이 크다. 본인이 소장하고 있는 작품 중에는 고소설로서 문학적 수준이 높은 작품이 다수 포함되어 있고 이들 중에는 학계에도 알려지지 않은 유일본과 희귀본도 있다. 필자 소장 474종을 연구원들이 검토하여 100종을 선택하였으니, 이를 〈김광순 소장 필사본 고소설 100선〉이라 이름 한 것이다.

〈김광순 소장 필사본 고소설 100선〉 제1차본 번역서에 대한 학자들의 〈서평〉에서만 보더라도 그 의의가 얼마나 큰지를 알 수 있다. 한국고소설학회 전회장 건국대 명예교수 김현룡박사는 『고소설연구』(한국고소설학회)제39집에서 "이번의 기획에 실로 감격적인 의지가 내포되었다. 아직까지 연구된 적이 없는 작품들이 다수 포함되어 있어서 앞으로 국문학연구에 크게 기여할 것"이라 했고, 국민대 명예교수 조희웅박사는 『고전문학연구』(한국고전문학회)제47집에서 "문학적인 수준이 높거나 학계에 알려지지 않은 유일본과 희귀본 100종만을 골라 번역에 임했다"고 극찬 했다. 고려대 명예교수 설중환박사는 『국학연구론총』(택민국학연구원)제15집에서 "한국문화의 세계화라는 토대를 쌓은 것으로 선구적인 혜안이라 하면서 한국문학에 크게 기여할 것이라"고 했다. 영남대교수 신태수박사는 『동아인문학』(동아인문학회)31집에서 "전통시대의 대중이 향수하던 고소설을 현대의 대중에게 되돌려준다는 점과 학문분야의 지평을 넓히고 활력을 불어 넣는다고 하면서 조상이 물려준 귀중한 문화재를 더 이상 훼손되지 않도록 갈무리 할 수 있는 문학관이나 박물관 건립이 화급하다며 이 과업의 주체는 어느 개인이 아니고 대한민국 전체 국민이 되어야 마땅하다."고 했다.

보존이 어째서 얼마나 중요한지는 『금오신화』 하나만으로도 설명할 수 있다. 『금오신화』는 본격적인 한국 최초의 소설로서 역사적 가치뿐만 아니라 문학적 가치가 다른 소설에 견줄 수 없을 정도로 대단하다. 이 『금오신화』는 임진왜란 이전까지는 조선 사람들에게 읽히고 유통되었다. 최근 중국 대련도서관 소장 『금오신화』가 그 좋은 근거이다. 문제는 임란 이후로 자취를 감추었다는 데 있다. 우암 송시열도 『금오신화』를 얻어서 읽을 수 없었다고 할 정도이니, 임란 이후에는 유통이 끊어졌다고 해야 할 것이다. 그럼에도 『금오신화』가 잘 알려진 데는 이유가 있다. 작자 김시습이 경주 남산 용장사에서 창작하여 석실에 두었던 『금오신화』가 어느 경로를 통해 일본으로 반출되어 몇 차례 출판되었기 때문이다. 육당 최남선이 일본에서 출판된 대총본 『금오신화』를 우리나라로 역수입하여 1927년 『계명』 19호에 수록함으로써 비로소 한국에 알려졌다. 『금오신화』 권미卷尾에 "서갑집후書甲集後"라는 기록으로 보면 현존 『금오신화』가 을집과 병집이 있었으리라 추정되며, 현존 『금오신화』 5편이 전부가 아닐 가능성이 높다. 귀중한 문화유산이 방치되다 일부 소실되는 지경에까지 이르렀으니, 한국인으로서 부끄럽기 그지없다.

　이런 문제를 해결하기 위해서는 필사본 고소설을 보존하고 문화산업에 활용할 수 있는 고소설 문학관이나 박물관을 건립해야 한다. 고소설 문학관이나 박물관은 한국 작품이 외국으로 유출되지 못하도록 할 뿐 아니라 개인이 소장하면서 훼손되고 있는 필사본 고소설을 체계적으로 관리하는 데 크게 기여할 수 있다. 현재 가사를 보존하는 '한국가사 문학관'은 있지만, 고소설의 경우에는 그와 같은 시설이 전국 어느 곳에도 없으므로, 고소설 문학관이나 박물관 건립은 화급을 다투는 일이다.

　고소설 문학관 혹은 박물관은 영남에, 그 중에서도 대구에 건립되어야 한다. 본격적인 한국 최초의 소설은 김시습의 『금오신화』로서 경주 남산 용장사에서 창작되었음을 상기할 필요가 있다. 경주는 영남권역이고 영남권역 문화의 중심지는 대구이기 때문에, 고소설 문학관 혹은 박물관을 대구에 건립하지 않으면 안 된다. 고소설 문학관 혹은 박물관 건립을 통해 대구가 한국 문화 산업의 웅도이며 문화산업을 선도하는 요람이 될 것을 확신하는 바이다.

　필사본 고소설은 우리가 문화민족이었다는 증거이며 보고寶庫로서 우리 조상이 물려준 고유의 문화유산이다. 고유의 문화유산은 말만으로는 보존되지 않는다. 고소설 문학관이나 박물관을 실제적으로 건립해야 길이 보존할 수 있다고 생각하며, 다음과 같은 염원을 피력해본다.

　"우리 고전에 대한 뜨거운 애정과 관심을 가지고 〈김광순 소장 필사본 고소설 100선〉을 즐겨 읽고 음미해 주시기 바랍니다."

2015년 10월 31일
경북대명예교수 택민국학연구원장 문학박사　김 광 순

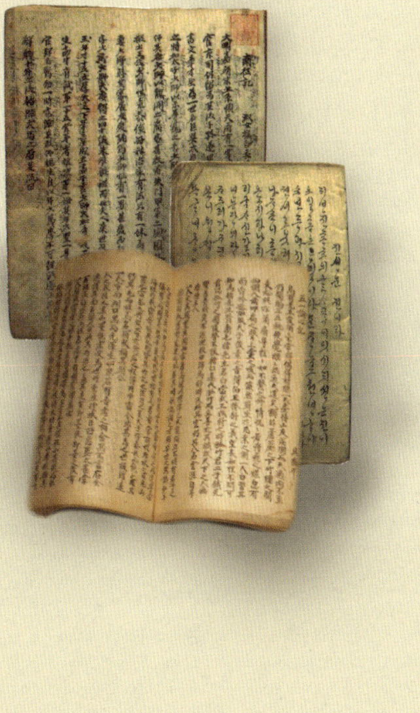

일러두기

1. 해제를 앞에 두어 독자의 이해를 돕도록 하고, 이어서 현대어역과 원문을 차례로 수록하였다.

2. 번역문의 제목은 현대어로 옮겼으며, 원문의 제목은 원문대로 표기하였다.

3. 현대어 번역은 김광순소장 필사본 한국고소설 474종에서 정선한 〈김광순 소장 필사본 고소설 100선〉을 대본으로 하였다.

4. 현대어 번역은 독자들이 쉽게 이해할 수 있도록 한글 맞춤법에 맞게 의역하였고, 어려운 한자어에는 한자를 병기하며, 타 이본을 참조하거나 의역할 수도 있다.

5. 화제를 돌려 다른 장면으로 넘어갈 때 쓰는 각설却說·화설話說·차설且說 등은 현대어역에도 그대로 쓰는 것을 원칙으로 하되, 다른 접속사나 한 행을 띄움으로 이를 대신할 수 있다.

6. 낙장과 낙자가 있을 경우 이본을 참조하여 원문을 보완하였고, 이본을 참조해도 판독이 어려울 경우 그 사실을 각주로 밝혔으며, 그래도 원문의 판독이 불가능한 경우에는 □로 표시하였다.

7. 고사성어와 난해한 어휘는 본문에서 풀어쓰고, 그렇지 않은 경우에는 각주를 달았다.

8. 원문은 고어 형태대로 옮기되, 연구를 돕기 위해 띄어쓰기만 하고 원문 면수를 숫자로 표기하였다.

9. 각주의 표제어는 현대어로 번역한 본문을 대상으로 하여 아래 예문과 같게 한다.

   1) 이백李白 : 중국 당나라 시인. 자는 태백太白, 호는 청련거사青蓮居士 중국 촉蜀땅 쓰촨[四川] 출생. 두보杜甫와 함께 시종詩宗이라 불렸다.

10. 문장 부호의 사용은 다음과 같다.

   1) 큰 따옴표(" ") : 직접 인용, 대화, 장명章名.
   2) 작은 따옴표(' ') : 간접 인용, 인물의 생각, 독백.
   3) 『 』: 책명册名.
   4) 「 」: 편명篇名.
   5) 〈 〉: 작품명.
   6) [ ] : 표제어와 그 한자어 음이 다른 경우

목차

- 간행사 / 5
- 축간사 / 9
- 일러두기 / 11

제1부 권익중실기

I. 〈권익중실기〉 해제 ·· 17
II. 〈권익중실기〉 현대어역 ··· 25
III. 〈권익중실긔〉 원문 ··· 119

제2부 두껍전

I. 〈두껍전〉 해제 ·· 195
II. 〈두껍전〉 현대어역 ·· 203
III. 〈쑤겁견이라〉 원문 ·· 227

권익중실기

I. 〈권익중실기〉 해제

『권익중실기』는 작자와 창작 연대가 알려지지 않은 고소설이다. 김광순 소장 필사본 고소설 474종 중의 하나로, 이 중에서 다시 정선한 〈김광순 소장 필사본 고소설 100선〉에 속한 『권익중긔』 85장본을 대본으로 했다. 본 고에서 『권익중실긔』 현대역의 제목에 따라서 『권익중실기』로 부르기로 했다.

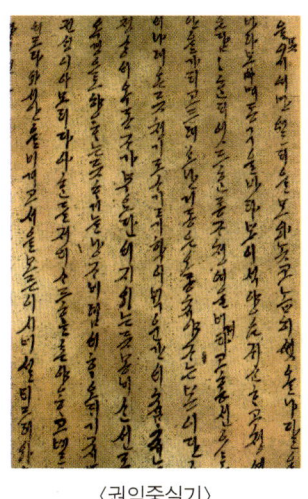

〈권익중실기〉

『권익중실기』의 작자는 소설을 사갈시蛇蝎視하던 조선조의 봉건사회에서 대부분의 고소설이 그렇듯이 작자를 기록하지 않고 있다. 창작 시기도 조선 중기로 짐작될 뿐이다. 그러나 19세기 초반에는 국문본과 국문활자본 등 항간에 널리 필사 애독하면서 흥행했던 작품임을 짐작할 수 있다.

『권익중실기』는 붓으로 쓴 흘림체의 국문필사본이 주류를 이룬다. 같은 제목으로의 소설이라도 다양하게 필사되어 각자 독특한 이본의 성격을 지니고 있다. 『권익중전』 필사본으로 알려져 있는 표제만 열거해 보면 다음과 같다.

같은 제목내의 이본도 매우 많지만 여기서는 표제가 다르게 표기되어 전하는 작품군만 소개하면 다음과 같다.『익즁젼』,『권익듕젼』,『권익준젼권이라』,『권익즁젼』,『익중젼權益中傳』등의 필사본이 있고,『권익중젼』,『권익중실긔』,『忠義小說』,『권익중젼』,『一名 權仙童』등의 구활자본도 전해오고 있는 점으로 보면 조선조 중기부터 구한말까지 흥행했던 고소설임을 알 수 있다.

『권익중실기』의 줄거리를 보면 대명 연간에 재상 권양옥은 벼슬을 하직하고 고향으로 돌아와 늘그막에 활달한 사내아이를 얻는다. 이름은 익중으로 자라면서 학문에 힘을 쏟으니 재주가 문일지십聞一知十이다. 익중은 세상에 나가 세상사 인심을 살펴 보고자 다니다 녹림촌에 이르러 승상벼슬에 있다가 낙향한 이 과진의 집에서 하룻밤 신세를 질까 하고 찾아 들어가서 인사를 드리고 자기소개를 하니 부친과 죽마고우처럼 지내던 분이라며 반겨 준다. 춘화라는 재주와 덕을 겸비한 딸이 있어 익중은 그 여인을 집으로 돌아와서도 잊지 못하고 열병을 앓자 익중의 부모는 이승상을 찾아가 서로 혼인을 약속하게 된다. 이 때 조정의 세력가 옥낭목이 춘화가 요조숙녀라는 말을 듣고 이미 정혼한 여인을 황제의 힘을 빌려 이승상과 권승상을 모두 옥에 가두고 중죄인으로 다스리고는 옥낭목이 억지 초례행을 치르러 이소저의 집에 이르자 이소저는 병석에 있는 몸으로 나가 한갓 권세를 믿고 남의 정열을 더럽히는 자와 정혼을 할 수 없다며

품에서 칼을 내어 물고 자결한다. 이낭자는 죽어 천상에 올라가 선녀가 된다. 옥황상제가 이를 가엾게 여겨 강남 악양루 죽림 속에 가서 익중을 만나라고 하며 자태와 얼굴이 익중과 똑같은 허수아비를 만들어 익중의 집으로 보낸다. 익중은 자기와 똑같이 생긴 자가 집에 있어 가족들은 진짜 익중을 내 쫓기에 이른다. 익중은 죽장망혜하여 산천을 벗 삼아 이리저리 다니다 강남 명월 악양루에 이르러 동정호에 몸을 던지는데 난간에 붙은 손이 떨어지지 않고 어디서 홀연히 거문고 소리가 들린다. 가까이 가보니 한 낭자가 있었다. 낭자는 녹림촌 이승상댁 여식이 바로 자기라고 하니, 익중은 꿈인가 생시인가 하며 낭자와 함께 하룻밤 동침을 나누고 오 년 후 이곳에서 만날 것을 약속하고 이별을 한다. 이낭자와 이별한 지 오 년이 되어 익중이 악양루를 찾아가 낭자를 만나 자신의 아이 선동을 데려온다. 선동은 옥낭목의 화를 피하여 남해의 대인도라는 섬으로 양가 사람들을 모두 이끌고 갔다. 육도삼략의 풍운조화에 달통한 선동은 원수를 갚지 못하면 돌아오지 아니하리라는 결심으로 길을 떠나게 된다. 하루는 꿈속에서 어머니가 거문고를 주시며, 서주 월성촌 진정위댁에 있는 삼소저가 모두 옥낭목에게 부친들이 억울한 죽음을 당해 우여곡절의 인연으로 한 집에 기거하고 있다며 찾아가 연분을 맺고 옥낭목에게 원수도 갚으라고 한다. 선동은 어머니가 일러주시는 대로 백년가약을 맺고서, 떠날 때 서로 징표를 주고받는다. 한편 옥낭목은 나라의 권세를 잡아 천하를 흔들며 모반을 꾀하는데, 선동이 이 소식을 접하고 진중에 달려 들어가 적들의 교란을 뚫고 온갖 고초를 겪으며 마침내 옥낭목을 물리치고 황제에게 승리의 기쁨을 안긴다. 황제는 선동을 친히 영접하며 나라를 위하여 힘을 다한 것을 치하 하며 대원수로 봉하고 용포옥대를 하사하였다. 금의환향하여 돌아오는 길에 권원수 청양산 낭자의 묘에 이르러 제문을 다 읽고 나자 분묘가 갈라지며 낭자가 자다가 일어난 듯 밖으로 나온다. 수개월 만에 대해를 건너 본국에 돌아오자 백성들이 모두 반기며 천하가 평온하여 송덕을 일삼는다.

『권익중실기』는 3대에 걸치는 권양옥과 이과진 일가의 남녀 주인공들의 생애가 하나의 이야기로 꾸며져 있다. 이 소설의 구성은 크게는 권익중과 그 아들 권선동의 일대기로 그려져 있다. 『권익중실기』의 갈등구조는 충신형 인물과 간신형 인물 간의 갈등으로 구성되어 있으며 어떠한 인간이 충신이며 또 어떠한 사람이 간신인가를 해명하는 이야기로 구성되어 있다. 또한 참된 사랑을 짓밟고 나라를 배반한 원수를 처단하는 내용을 주인공들의 무훈담과 결부시켜 스릴과 서스펜스로 독자의 심금을 울려줌으로써 흥미를 자아내고 있다.

『권익중실기』의 주인공 권익중과 그 아들 권선동은 인륜대사는 본인들끼리 마음이 통하여야 한다고 생각하며 또 자신이 직접 본 여성들을 사랑한다. 이러한 이들의 입장과 관점은 부모들의 승낙을 받지만 당대사회로서는 허용될 수 없는 일이었다.

더욱이 인륜대사를 권력으로 장악하려 하는 옥낭목과 같은 자들에 의하여 권익중과 이춘화의 사랑은 현실적으로는 불가능한 일이 되어 버린다. 무지막지한 이들의 결혼관에 이춘화는 마음에 없는 혼인을 강요당하여 자결하는 비극을 자아내고 이 세상에서 이루지 못한 사랑을 죽어서라도 성취하게 된다.

『권익중실기』에서는 이러한 이야기를 통하여 청춘남녀들의 참된 사랑을 권력으로 무참히 짓밟는 포악한 관료인 옥낭목과 같은 자들의 행위를 신랄하게 비판 폭로하고 있다.

『권익중실기』의 주인공의 아들인 권선동은 황제의 그릇된 처사에 의하여 한때 자신의 어머니에게 고초를 겪게 한 변절자 옥낭목이 침략의 무리들을 앞세우고 서울로 쳐들어오자 위험을 무릅쓰고 싸움터에 달려 나가 용감히 싸운다. 그는 황제를 원망하기에 앞서 나라를 지키려는 보다 큰 위업을 위하여 자신의 모든 것을 다 바치는 인물이다. 『권익중실기』에서는 이러한 주인공들의 활동을 부모의 원수를 갚는 문제와 결부시켜 잘 그리고 있다.

부정한 인물 옥낭목은 개인의 사리사욕을 위해서라면 남의 이익을 돌보지 않는 포악무도한 관료이며 황제를 거짓으로 받드는 체하다가 나중에는 자기의 손아귀에 국권을 틀어쥐기 위하여 반란도 서슴지 않는 간신형의 전형적인 인물이다. 그가 반란을 일으키자 황제는 여태껏 그를 믿은 것을 뉘우치면서 "짐이 충신과 간신들을 분별치 못하였으니 어찌 절통하지 아니 하리오"

하고 통탄하며 후회한다.

『권익중실기』의 옥낭목은 거짓과 위선으로 흉계를 꾸며 황제의 눈을 가리며 그의 권력을 등에 업고 안하무인으로 날뛰는 전형적인 간신형의 인물이다. 그의 마음은 거짓 충심으로 가득 차 있는 위선자요 간신이다. 그리고 나중에는 황제자리까지 탐을 내어 반역행위도 서슴지 않는 인물이다.

『권익중실기』에서는 이러한 옥낭목의 형상을 통하여 간신이란 어떤 인물인가를 보여주면서 충신형 인물과 간신형 인물을 분별하지 못하는 우직한 당시 봉건군주를 은근히 조소하고 비판, 풍자하고 있다.

『권익중실기』속 주인공들의 사랑은 매우 독특한 점을 보여주고 있다. 작가는 현실에서 이룩될 수 없었던 권익중과 이춘화의 사랑을 실현시키기 위하여 이승과 저승 간의 특이한 관계를 설정하고 낭만적인 여주인공의 형상을 생동감 있게 그려내는 작자의 표현은 높이 평가될 만하다.

이춘화는 조정의 권력을 마음대로 휘두르는 옥낭목과 같은 관료들 앞에서도 자신의 지조를 굽히려 하지 않으며 송죽 같은 절개를 지키기 위하여 죽음의 길을 택하는 강인한 여성상으로 그려져 있다. 이러한 여성상의 모습은 진정으로 순수한 참된 사랑 앞에서는 죽음도 두려워하지 않고 있어 우리 민족의 굳세고 강인한 정신의 여성상을 대변하는 인물로 돋보여진다. 이런 측면에서 볼 때 이춘화의 형상은 권익중의 형상보다 훨씬 높은 위치에서 평가 받을 수 있는 당시 조선의 숭고하고 무후한 인물로 표현되었다.

『권익중실기』에는 당대 백성들의 지향도 일정하게 반영되어 있는데, 포악한 관료이며 매국노인 옥낭목을 그들의 의사에 따라 처단하는 이야기이다. 또한『권익중실기』는 시대적 제약성으로 하여 일련의 부족한 점들도 다소 드러나 보인다. 무엇보다 먼저 작품에서는 당시대의 봉건적 충군사상이 농후하여 그것은 청춘남녀의 참된 사랑까지도 봉건주의 관료 지배사회의 권력으로 좌지우지하며 짓밟는다. 그러나 작품의 말미에서는 우러러 보는 훌륭한 덕을 가진 황제는 아니지만 점차 선량한 군주로 내세우는데 이는 작가의 세계관적 제한성에서 오는 면이라 하겠다.

『권익중실기』는 또한 작중인물들의 성격논리를 타당성 있게 끌고 나가지 못하고 사건발전의 계기마다 선녀 선관 등이 나타나 앞에 벌어질 일들을 미리 예고해 주게 함으로써 작품의 진실성과 예술적 흥미를 떨어뜨리는 점은 다소 작품의 미흡성을 드러낸다. 또한 이야기 줄거리가 주인공 권익중과 그 아들 권선동의 일대기

〈권익중실기〉

로 되어 있으므로 두 부분으로 나뉘어서 주제를 애매모호하게 전개시키고 있는 점도 있다. 고소설 『권익중실기』는 이런 부족한 면이 있지만 작품의 내용에 있어서 예리한 갈등과 심각성, 비교적 짜임새 있는 구성조직으로 인하여 18세기 고소설의 훌륭한 작품으로 많은 독자들에게 회자되었던 작품이다.

  21세기 오늘을 살아가는 독자들에게 권선징악의 의미가 담겨 있는 우리 조상들의 예지와 슬기가 담겨져 있어 한번쯤은 읽을 만한 작품이다.

II. 〈권익중실기〉 현대어역

　대명연간[1]에 권양옥이라는 재상이 있었다. 대대로 명문거족 집안으로 젊은 나이에 벼슬이 승상에 이르렀다. 이때에 조정의 기강이 날로 문란해지니 간신들은 권력을 넘보고 충신들은 벼슬에서 물러나는 자가 많았다.

　승상도 벼슬을 하직하고 고향에 돌아와 달 아래서 고기를 낚고 초야에서 밭을 갈며 세월을 보내고 있었다. 그러나 나이 사십이 되도록 슬하에 일점혈육이 없어 매양 슬퍼하였다. 하루는 부인이 승상께 고하기를,

　"제가 들으니 화산 천불암의 부처님이 지극히 신령하여 정성을 극진히 하면 자식 없는 사람도 아들을 낳는다 하오니 우리도 그곳에 가서 정성을 한 번 들여 봅시다."
하니 승상이 탄식하며
　"정성을 들여 자식을 볼 것 같으면 세상에 자식 없는 사람이 어디 있겠소."
하니 부인이
　"옛말에 지성이면 감천이라 하였으니 우리도 가서 한 번 정성껏 빌어봅시다."
하였나. 승상이 부인의 정성에 감동하여 삼일목욕재계하고 향

---

1) 대명연간大明年間 : 명나라 때 어느 시기라는 뜻으로, 실지 기록상의 연호는 아님.

화촉火를 준비하여 천불암에 올라가 백일기도를 하고 내려왔다.

그러던 어느 날, 봄바람은 화창하고 온갖 꽃들이 다투어 피니 봄기운에 마음을 억제하지 못해, 승상이 대나무 지팡이에 짚신을 준비하여 강산을 구경하러 나섰다. 이때에 몸이 피곤하여 녹음을 가려 떨어진 꽃을 벗 삼아 자리를 만들고 돌베개를 하고 잠깐 졸았더니, 비몽사몽 중에 오색구름이 하늘에 영롱하며 은은한 옥피리 소리가 들렸다. 자세히 살펴보니 한 동자가 백학을 타고 내려와 공손히 배례하고 구슬 한 개를 주며

"소자는 천불암 부처님의 제자이온데 부처님의 명령을 받고 구슬 한 개를 전합니다. 곧 권씨 댁에 값으로 매길 수 없는 보배가 될 터이니 받으소서."

하였다. 승상이 받아 품에 안고 깨어나 보니 남가일몽南柯一夢[2]이라, 일개 헛된 꿈이라 여기며 집으로 돌아왔다. 부인과 꿈이야기를 나누고 기뻐하며 함께 하였는데, 그달부터 태기가 있어 열 달 만에 해산하니 활달한 사내아이였다. 이름은 익중이라 하고 자는 봉조라 하였는데 승상과 부인의 즐거움이 더 이상 비할 데가 없었다.

일곱 살에 학문에 들어 재주가 문일지십聞一知十[3]이라. 차츰

---

[2] 남가일몽南柯一夢 : 남쪽으로 뻗은 나뭇가지 끝에 매달린 꿈이라는 말로 인생살이가 한 순간의 꿈처럼 덧없다는 뜻이기도 함.
[3] 문일지십聞一知十 : 하나를 들으면 열을 알다.

자라 십오 세 되니 사서삼경과 백가제서를 무불통지無不通知[4]한데 얼굴은 선풍도골이오, 풍채는 두목[5]이요 문장은 이태백[6]이요 필법은 왕희지[7]였다.

하루는 익중이 승상에게,

"소자의 나이 십오 세 되도록 산중에서 자라 세상의 후함과 박함, 인심의 청탁淸濁을 알지 못하오니 한번 나가 산천의 험악함과 누대절승樓臺絕勝[8]을 구경코자 하나이다. 옛날 사마천은 이십 세에 강호에 놀아 문장을 세상에 전하였다 하니, 소자가 비록 재주가 천박하고 나이는 스무 살이 아직 되지 못하였사오나, 감히 사마천을 본받고자 하나이다."

하거늘, 승상이 기특히 여겨 삼 개월의 여행을 허락하였다. 익중이 길일을 택하여 부모에게 하직하고 지팡이에 짚신을 신

---

4) 무불통지無不通知 : 달통하여 모르는 것이 없음.
5) 두목杜牧 : 당나라 말기의 시인, 803~852, 자字는 목지牧之다. 호는 번천樊川, 풍류남아로서 세사에 구애받지 않았고 특히 용모가 뛰어나 수많은 여인의 마음을 사로잡았다. 낙양의 자사로 재직할 당시에 술에 취해 마차를 타고 거리를 지날 때 기생들이 귤을 던져 마차에 귤이 가득 했다는 고사가 있다.
6) 이태백 : 당나라의 시인, 701~762, 이름은 백白, 호는 청련거사靑蓮居士.
7) 왕희지 : 중국 동진東晉 때의 서예가, 307~365, 자는 일소逸少, 벼슬은 비서랑秘書郞에서 우군장군右軍將軍에까지 이르렀다. 한문의 글씨체를 예술적인 서체로 승화시켜 서성書聖이라고 불린다. 〈난정서蘭亭序〉, 〈십칠첩十七帖〉, 〈악의론樂毅論〉, 〈집왕성교서集王聖教序〉 등의 작품이 전해진다.
8) 누대절승樓臺絕勝 : 이름난 명승고적과 아름다운 누각.

고 길을 떠났다. 명산대천과 누대절승을 곳곳이 구경하다가 어느 날 한 마을에 이르렀다.

복숭아꽃과 배꽃이 만발하였으며 푸른 대나무에 키 큰 소나무가 울창하고 버드나무 사이로 바람이 솔솔 불었다. 높은 누각과 큰 집이 즐비하여, 익중이 동네 입구에 들어서서 마을 사람에게

"이 동네 이름은 무엇이며 저기 보이는 집은 뉘댁입니까?"

하고 물으니 그 사람이

"마을 이름은 녹림촌이며, 저 집은 이승상댁이라네."

하였다. 익중이 또 묻기를

"이승상의 존호는 무엇이며 자제는 몇이나 됩니까?"

마을 사람이 답하기를

"이름은 과진이라 하고 슬하에 아들은 두지 못했다네. 다만 한 딸을 두었으니 나이 열두 살이며 딸의 재주와 덕은 옛날 태사太似[9]의 풍모遺風요. 구구갈구봉상鳩鳩渴求逢象[10]에다 빈풍칠월소견녀豳風七月所見女[11]도 넘볼 수 없는 규수라오. 어진 가문에 짝을 구하려고 여기저기 수소문을 하는 중이고, 가진 것

---

9) 태사太似 : 주周나라 문왕文王의 후비后妃이자 무왕武王의 어머니. 부덕婦德이 뛰어났다고 한다.
10) 구구갈구봉상鳩鳩渴求逢象 : 물가에서 구구하며 우는 새는 짝을 찾는 소리라는 뜻인데 주나라 문왕이 요조숙녀인 태사를 오매불망 그리워하는 모습을 나타낸 것.
11) 〈빈풍豳風〉 '칠월七月' 소견녀所見女 : 『시경』〈빈풍豳風〉 '칠월七月'은 농사에 관한 월령가(月令歌)다. 이 시는 농사철에 따라 길쌈하고 옷을 지으며 농사짓는 아름다운 여인을 말함.

없는 나그네라도 착실히 대접한다니, 수재도 배운 재주가 있거든 한번 찾아가 보구려."

하거늘 익중이 의아해 하며 '이승상이라 하니 필연 우리 부친과 한 조정에서 벼슬 한 분일지도 모르겠다. 한 번 만나 뵙는 것도 무방하리라.'

하고 의관을 정제하여 문밖에 이르러 하인을 불렀다.

"게 아무도 없느냐?"

하고 들어가니 승상이 당상에 앉았거늘, 올라가 공손히 절하고 앉았다. 승상이 묻기를

"너는 어디서 왔으며 어떤 아이건데 이렇게 다니느냐?"

하시니, 익중이 다시 일어나 절하며

"소자는 기주 땅에 살고 있는 올해 나이 십오 세의 권익중이라 하옵니다. 권승상은 소자의 부친이옵니다."

하니, 이승상이 익중의 손을 잡고

"너의 부친은 나와 죽마고우라. 승상 벼슬을 하다가 간신의 참소를 피하여 고향으로 각각 내려온 후로 그간 소식을 알지 못했더니, 뜻밖의 날에 너를 만나니 너의 부친 얼굴을 대한 듯이 반가운 마음을 헤아릴 길이 없구나. 그대가 이곳에 어인 일로 왔는고?"

하니, 익중이

"소자가 있는 곳은 깊은 산중이옵고 듣고 본 것이 두루하지 못하여, 산 밖으로 나와 인심의 귀천貴賤을 파악하고 산수가

뛰어난 명승지를 구경코자 다니고 있습니다."

이승상이 기특히 여겨

"옛날 사마천이 이십 세에 강호에 놀았다 하더니, 너는 십오 세에 강호에 노니 사마천보다 낫구나. 그러면 우리 집에 유거하며 학문을 논하면서 나에게 높은 격조를 보이고 회포를 덜게 하라."

하였다. 익중이 밝게 듣고 저녁을 먹은 후 승상을 뫼시고 고금의 흥망성쇠를 의논하다가 승상이 피곤하여 조는지라, 익중은 가만히 일어나 뜨락으로 나왔다.

이때 인적은 한적하며 월색이 청명하고 청풍은 호탕하니 나그네 회심懷心을 이기지 못했다. 익중이 밖에 나와 배회하다가 한 곳에 이르니 초옥삼간이 있었다. 초당 앞에 연못이 있고 연못 위에 석가산이 비치어 사방을 돌아보니 온갖 꽃이 만발하였다.

한 낭자가 가지를 잡고 서있는 모습은 마치자는 벌 나비를 깨우는 듯하고, 풍월을 읊는 소리는 산호채로 옥쟁반을 두드리는 것 같았다. 자세히 살펴보니 춘풍삼월 해당화가 이슬을 머금은 듯, 창명한 새벽달이 혼백을 잃은 듯, 무산선녀12)가 구름 타고 양대산에 내려온 듯, 양태진13)이 화관을 쓰고 맹춘孟春에

---

12) 무산선녀巫山仙女 : 초나라의 회왕과 양왕이 무산의 양대에서 낮잠을 자다 꿈속에서 만나 동침한 선녀.
13) 양태진 : 양귀비. 양귀비는 원래 현종의 며느리로 이름은 옥환이었다. 현종의 눈에 띄자 현종은 궁궐 안에 도교사원을 세우고 이를 관리하는 여관

넘나드는 듯, 연연한 태도와 단아한 거동은 장부의 간장을 촘촘히 녹이는 것 같았다.

익중이 한번 보니 정신이 어지럽고 안정이 되지 않아, 해동청보라매14)가 봄 산에 암꿩을 찾는 듯, 봄바람에 고니가 가지에 앉은 나비를 쫓는 듯 잡고 싶었으나 양반의 도리에 옳지 못한 행동인 듯 여겨 외당에 돌아와서 누웠다.

꿈 중에나 만나 볼까 하였으나 잠을 이루지 못하고, 내렴에 생각하니 병이 날 듯하여, 내일이면 집으로 돌아가리라 생각하고 날 새기를 기다렸다.

마침 계명성15)이 일어나며 동방이 밝아 왔다. 익중이 일어나서 세수하고 조반을 먹은 후에 승상에게 하직을 고했다. 승상이

"친구의 자식과 나의 자식이 다름이 없으니 여러 날 머물면서 나의 고적한 회포를 덜게 하렸는데, 부형 친구 되는 이의 뜻을 이다지 저버리는가."

하시며 보내기를 싫어하셨다. 익중이 꿇어 엎드려

"옛글에 '부모가 계시거든 나가면 반드시 있는 곳을 알리고 멀리 나가서 다니는 것은 옳지 않다遊必有方不遠遊'라 하였고 또한 부친의 명령하신 기일이 멀지 않았기로 이제 그만 가고자

女冠으로 양옥환을 임명하여 불러들였다. 한동안 양태진이라 불리다가 27세 때 현종의 귀비貴妃로 책봉되었다.
14) 해동청海東靑보라매 : 송골매를 말함.
15) 계명성 : '계명성鷄鳴聲'으로, 닭이 우는 소리를 말함.

하나이다."

하니, 승상이 부득이 다시 만류하지 못하고,

"그렇다면 돌아가되, 너의 부친에게 안부나 자세히 고하여라."

하거늘, 익중이 절하고 나왔다.

익중이 여러 날 만에 집으로 돌아와 승상과 부인을 뵙고, 산천풍경과 인심후박에 대해 글을 짓고 그동안의 일기 적은 것을 드리며 이승상의 안부함을 고하니, 승상과 부인이 즐거워하였다.

익중이 두루 산천을 구경하고 돌아 온 후로는 점점 얼굴이 수척하고 음식을 먹지 못하였다. 승상과 부인이 혹 오랜 여행에 피로가 누적이 되었나 하여 의약醫藥을 쓰나, 백약이 무효하여 점점 병이 깊어지고 있었다. 하루는 승상과 부인이 익중의 손을 잡고 눈물을 금치 못하며,

"무매독자無妹獨子16) 너를 두고 우리가 후사를 이어 조상께 불효한 큰 죄를 면해 볼까 하였다. 그런데 너의 병세가 극히 중하니 아무래도 심중에 따로 품고 있는 생각이 있을지도 모른다는 생각이 드는구나. 서슴지 말고 너의 의중을 말해 준다면, 뼈를 갈고 혀를 끊게 되어도 네 소원대로 해 주리라."

하시거늘, 익중이 정신을 가다듬어 일어나 앉아 목소리를 겨우

---

16) 무매독자無妹獨子 : 딸이 없는 집안의 외아들.

내며 말하였다.

"여쭙옵니다. 소자 불효가 막대하오니 죽기를 당하여 무슨 말씀을 못하오리까. 일전에 유산 구경 갔을 때 녹림촌 이승상 댁에 갔는데, 나그네 생각을 이기지 못해 달빛을 따라 내닫다가 후원 별당 앞에 이르러 승상 댁 낭자를 보고 돌아 온 후로 오매불망하여 병이 되었습니다."

말을 마치고 익중이 다시 이불을 당기며 누웠다. 승상이 그제야 병을 알고 의약을 물리치며

"이승상은 우리와 지체가 합당하고 또 죽마고우라, 청혼하면 허락할 것이니, 염려 말고 음식을 먹고 마음을 가다듬도록 하여라."

하고, 즉시 행장을 차려 녹림촌으로 향하여 이승상 댁으로 찾아갔다.

이때 이승상이 익중을 보내고 내당에 들어가 장부인에게,

"권승상의 아들이라 하는 아이가 간밤에 자고 갔소. 선풍도골과 숙숙한 태도는 족히 춘화의 짝이오. 권승상은 나와 죽마고우라, 혼사를 청하면 물리치지 아니 할 것이외다."

라 하였다.

과연 얼마 후 권승상이 집으로 찾아오니, 이승상이 악수하며 서로 반가워하였다.

"일전에 그대 아들 익중이 지내다가 갔는데, 잠깐 보고 지났으나 요조한 태도와 숙숙한 거동이 참으로 훌륭한 가문의 기남

자17)요, 문필은 옛 사람의 것을 닦아 문장이 뛰어난지라. 이 사람아, 어찌 그런 아들을 두었는가? 나는 늦어서야 무남독녀를 두었으니 가히 부러움을 이기지 못하겠네."

두 승상이 서로 만나 회포를 그리며 적막하던 심사를 밤이 다하도록 주거니 받거니 하였다.

이튿날, 권승상이 이승상에게

"형에게 청할 말씀이 있사온데, 일인즉 인간의 대사라. 우리 집 존망이 승상의 가부可否에 있사오니 원컨대 승상은 깊이 생각하소서."

하니, 이승상이

"승상의 청함은 수화水火 중에 있다 한들 어찌 피하오리오? 무슨 말씀인지 듣고자 하오."

권승상이 말하기를

"늦게 자식을 얻었으나 못나고 불효한 자식이 귀댁 숙녀를 보고 돌아와서는 병이 골수에 깊어 사경死境에 이르게 되었으니, 달리 여기지 마시고 혼사를 허락해 주소서."

하니, 이승상이 대단히 기뻐하며

"어질지 못한 박녀薄女18)를 두고 그다지 존중히 청하시오니 도리어 죄송하오이다. 제가 먼저 정혼하고자 하였더니, 승상의

---

17) 기남자奇男子 : 세속에 흔히 볼 수 있는 사내대장부가 아닌 외모와 재주를 모두 겸비한 특출한 사람.
18) 박녀薄女 : 복과 재주가 많지 않다는 뜻으로 자신의 자녀를 겸손히 이르는 말.

말씀을 들어보니 이것은 바라던 인연이라. 염려 마옵소서."
하니, 권승상이
 "낭자를 직접 보고 구부지의舊婦之義19)를 굳게 맺고 돌아가기를 청하나이다."
하니, 이승상이 바삐 안문을 열고 시비侍婢 설매를 불러
 "별당에 들어가 낭자를 뫼시고 손님을 뵙도록 하여라."
하였다. 설매가 명을 듣고 내당에 들어가 장부인에게 이 말씀을 아뢰었더니 부인이
 "외당에 손님이 오셨다고 깊은 규방의 처자에게 바깥사람을 뵈오라 하니 만만부당한 말씀이로고. 승상이 일전에는 바깥의 금할 사람과 내외분별이 분명하더니 갑자기 이런 말씀하시니 허망한 마음 헤아리지 못하겠구나."
하거늘, 승상이 안문을 열며
 "신하가 임금의 명령을 거역하면 나라가 망하고 안사람家人이 가장의 명을 거역하면 집이 망하니라. 이 손님은 나의 옛 벗이요, 부모와 다름이 없는 사람이오. 또한 오늘부터 춘화와 구부지의를 정할 것이니 빨리 나와 이분을 뵙도록 하게 하시오."
하였다. 장부인이 승상의 명을 거역하지 못하여, 별당에 들어가 낭자에게 약간의 단장을 수습하고 외당에 나와 권승상을 뵙게 하였다.

---

19) 구부지의舊婦之義 : 시집 부모님과 며느리와의 인연을 맺음.

낭자의 요조한 태도와 유순한 덕은 옛날 태사太似[20]의 유풍이 완연한지라. 권승상이 기뻐하여 곁에 앉히고 묻기를
"너의 나이 몇이뇨?"
한데, 낭자가 부끄러움을 머금고 이마를 나직이 하자 시비 설매가 말하기를
"낭자의 나이는 십육 세입니다."
하니, 권승상이 꾸짖어 말하기를
"낭자에게 물었거늘 네 어찌 그다지 경솔히 답하느냐?"
하자, 설매가 다시 아뢰기를
"낭자는 깊은 규방에만 있어 바깥사람을 대하여 말을 제대로 통하지 못하여 제가 감히 난처하오나 마음이 답답하여 말씀드렸나이다."
하거늘, 그 말이 거짓이 없는지라. 권승상이
"내당의 법도가 하인에게까지 분명하도다."
하고 칭찬하시고, 또 낭중에서 옥지환 한 쌍을 내어 낭자에게 주며,
"이것이 우리 집 대대로 내려오던 예법이라, 이렇게 하여 구부지의를 정하노라."
하시니 낭자가 다시 일어나 앉아 두 손으로 정히 받들어 비단 주머니에 넣고, 외당에 오래 머무르지 못하여 별당으로 들어갔

---

[20] 태사太似 : 주나라의 시조 문왕의 어머니.

다. 권승상이 돌아가기를 청하면서 이미 정혼하였으니 급히 돌아가 자식의 병세를 구완하려 하니, 이승상이 허락하며,

"내 들으니 유년의 성취가 뜻대로 되지 못하는 경우도 있으니, 익중을 내 집으로 보내어 공부를 시키다가 수 년 후에 혼사를 치르도록 합시다."

하니, 승상이 허락하시고 집으로 돌아왔다.

허부인이 익중이 정혼하게 되었다는 말과 구부지의를 맺었다는 말을 낱낱이 듣고 익중에게 전하니 병이 절로 낫게 되었다.

그리하여 행교를 갖추어 익중을 영천 녹림촌 이승상 댁으로 보냈다. 여러 날 만에 녹림촌에 다다르니, 녹죽창송綠竹蒼松[21]은 무성하며 도리행화桃李杏花[22]도 잘 있었더냐 하며 온갖 꽃들이 바야흐로 화창하게 반기는 듯, 새로운 마음을 이기지 못하고 들어갔다.

이때가 마침 춘삼월이라, 낭자가 춘흥을 못 이겨 망월대에 높이 올라 달을 쳐다보다가 동네 어귀를 바라보니, 석양은 물들고 청운은 담담한데 한 동자가 청려장[23] 지팡이를 빗겨 쥐고 붉은 부채로 옥 같은 얼굴을 가리고 들어오고 있었다. 거동은 오동추야梧桐秋夜[24]에 잠자던 봉황새가 단산에서 내려온 듯, 청

---

21) 녹죽창송綠竹蒼松 : 푸른 대나무와 소나무.
22) 도리행화桃李杏花 : 복숭아와 오얏과 은행나무.
23) 청려장 : 명아주로 만든 지팡이.
24) 오동추야梧桐秋夜 : 가을 밤 오동나무. 즉 낙엽이 지는 가을 철.

계도사의 기이한 학이 흰 구름 사이에서 춤추는 듯, 단상의 옥동자가 봉황당상에 기대는 듯, 신선이 산다는 봉래산에 어린 동자가 옥같이 빛나는 기세로 걸어가는 듯하여, 낭자가 속으로 하는 말이

"기주 땅 권생이 아무리 단아한들 저보다 나을쏜가?"

하였다. 뒤이어 별당에 돌아와 서안書案25)에 앉아 고서古書를 보고 있었다. 이윽고 시비 설매가 들어와 외당에 권승상 댁 도련님이 오심을 고하거늘, 낭자가 속으로

"망월루에서 보던 그 동자가 필시 권생이로다."

라고 짐작하였다.

승상이 권생이 온 것을 듣고 즉시 외당에 나와 권생의 손을 잡아 곁에 앉히고 본댁의 안부를 물은 후에

"부인에게 일러 그대의 기거를 부탁할 것이니 어여쁘게 생각하라."

하고, 무수히 즐거워하였다.

수 일을 지낸 뒤에 권생에게 서책을 주어 공부를 시키는데, 의복衣服과 필요한 공구工具를 낭자가 손수 받드니 비록 혼례를 올리기 전이나 정이 서로 비할 곳이 없더라. 그렇게 일 년이 지나고 겨울이 되었다.

---

25) 서안書案 : 책상.

세상사는 호사다마好事多魔[26]인가. 이때 경성에 거주하던 '옥낭목'이라는 자가 있었는데 벼슬이 상서에 달하였다. 조정국사를 마음대로 처리하고 공후열작公侯列爵을 삭즉삭 필즉필削則削筆則筆[27]하였다. 황제와 매일 연행하여 사사로이 업무를 청해 들으니, 조정백관이 낭목의 앞에서 두려워 유구무언有口無言하고 유이불문有耳不聞[28]하였다.

이때 낭목이 자기 자식의 혼처를 구하였는데, 마침 이승상 과진이 딸을 두었으며 요조숙녀란 말을 듣고는 중매쟁이를 보내어 혼사를 청하였다. 이승상이 권승상의 아들과 이미 정혼하였다고 알려 그 청을 거절하니, 옥낭목이 간흉한 마음으로 억지로 혼인을 꾀하는 것이었다.

때는 춘삼월 좋은 때인지라 황제께서 후원에 잔치를 열고 만조백관을 모아 종일 즐겨 노실 때, 낭목이 간악한 생각을 머금고 혼자 즐거워하지 않았다.

황제께서 이를 보시고 낭목에게 묻기를

"경은 종일토록 말도 아니 하고 즐거운 빛이 없으니 어쩐 연고인고?"

하시니, 낭목이 엎드려 아뢰기를

---

26) 호사다마好事多魔 : 좋은 일 뒤에 또 나쁜 일이 생긴다는 말.
27) 공후열작公侯列爵 삭즉삭필즉필削則削筆則筆 : 문무백관들의 보직과 임명 수여 등을 정식 절차를 거치지 않고 혼자 마음대로 처리함.
28) 유구무언有口無言하고 유이불문有耳不聞 : 입이 있어도 말을 하지 않고 귀가 있어도 못 들은 척하여 직접적인 관련이 없음을 가장하는 행위.

"신이 하나 자식이 있어 이승상 과진의 집에 규수 있단 말을 듣고 청혼을 하였더니, 거짓으로 권승상 아들과 정혼을 하였다 하고 청을 거절하니, 과진에게 거절당한 것을 생각하오니 자연 마음이 불편하옵니다."

하거늘, 황제가 들으시고 말씀하시기를

"경은 심려하지 말라. 짐이 중매하리라."

하시고, 즉시 사자를 보내어 이승상 과진을 부르셨다.

이때 이승상은 권생을 데리고 술잔酒杯를 기울이며 풍월을 읊고 있었다. 각색 풍경을 구경하고 있었는데 마침 사자가 칙서를 가져왔다고 고하거늘, 급히 의관을 정제하고 외당에 나와 사자를 대하여 예를 드린 후 칙지를 받들어 북향사배하고 떼어 보니 패초牌招[29]하시는 사연이었다. 이승상이 즉시 행장을 차려 사관을 따라 경성에 올라가 황제를 뵈었다. 황제가 보시고

"경에게 딸이 있다 하니 낭목의 아들과 혼인하라."

하시거늘, 승상이 길게 엎드려 아뢰기를

"왕명을 거역하는 것은 신하의 도리가 아니오나, 신의 여식은 이미 권승상 양옥의 아들과 정혼하온 지 오래 되었습니다."

하니 황제가,

"권가의 혼사를 물리치고 옥생과 혼사를 정하라."

하신대, 승상이 다시 아뢰기를

---

29) 패초牌招 : 임금이 신하를 부를 때 부름을 받은 신하는 부절 등을 맞추어 보고 맞으면 임금이 보낸 사자인지를 확인한 다음 명을 받는다.

"어찌 한 딸로서 두 사위를 구하오리까? 하지 못할 일이 옵니다."
하였다.

이때 유농태라 하는 사람이 옥낭목의 외사촌이며 또한 소인배라. 황제를 모시고 있다가 나와서 아뢰기를

"이권李權 두 집안이 아직 혼사를 치르지 아니하였으니 혼사를 물리기를 어려워하고 있는 것은, 저의 언약만 중히 알고 폐하의 명령을 거역하는 것이오니, 어찌 군신 간의 정분이라 하오리까. 만일 폐하의 명령을 끝내 따르지 아니하거든 대역죄로 다스리소서."

하니, 황제가 옳게 여기시고

"끝내 거역하면 권가의 집과 이가의 집을 법으로 다스리리라."

하시고, 또한 권승상을 잡아 올려 이승상과 한가지로 전옥典獄30)에 가두었다. 이승상이 권승상에게 사죄하여,

"승상은 일시의 근심스런 일을 생각지 마시고 양가의 존망을 생각하옵소서. 백 번을 생각하여도 옥가와의 혼사를 허락함만 같지 못합니다. 만일 허락하지 아니하면 우리의 화패禍敗는 고사하고 권씨 댁이 망할 터이니 사세가 절박합니다. 내 무슨 면목으로 권씨께 더 말을 드리오. 차라리 이몸이 죽어 양가의

---

30) 전옥典獄 : 감옥

화를 대신함만 같지 못할 것입니다."
라고 하였다. 권승상도 생각하니 사정이 어찌 할 수 없어, 이승상을 위로하며
 "옥가와 혼사를 허락하소서."
하니 이승상이 더 할 말이 없었다.
 하는 수 없어 이에 황제에게 옥가와의 연분을 맺을 것을 아뢰었더니, 황제가 크게 기뻐하며 두 사람을 풀어 주었다. 두 승상이 서로 아픈 마음으로 이별할 때, 이승상이 권승상을 대하여
 "고루한 저의 허물이라 여기시고, 명문거족의 어진 숙녀를 간택하여 슬하의 영화를 보소서. 저는 전생의 죄악이 지극히 무거워 늦게 한 딸을 두었는데, 슬하에 기쁨을 보지 못하고 이런 참혹한 일을 당하오니 어찌 비탄함이 없으리까?"
하며 눈물을 흘리고 수건을 적시거늘 권승상이 위로하며
 "이도 또한 사람의 운수일 터이니 한탄치 마옵소서."
하고 서로 손을 잡고 이별하였다.
 이승상이 집에 돌아와 부인과 소저를 대하여 이런저런 말씀을 하신 후,
"슬프다. 따뜻한 봄날만 이어지는가 하였더니, 이런 슬픈 일이 드리우다니 이 일을 어찌할까? 사세가 심히 임박하였으니 마음을 넓게 먹고 옥생을 섬기는 것이 양가의 화를 면하는 것이라. 늙은 아버지의 근심을 헤아리도록 하라."
하시거늘, 소저 이 말을 듣고 아무 말도 못하며 양 볼에 굵은

눈물만 흘려 비단 옷깃을 적셨다. 승상이 여러 번 권하여 별당으로 보냈다. 이어서 외당에 나와 권생의 손을 잡고 눈물을 머금으며

"황제의 명이 지엄하기로 옥가에 혼사를 허락하였으니, 생각해 보건대 박명한 딸로 인해 재앙이 그대에게까지 미칠 듯하여 허락하지 않을 수 없었다네. 그대의 고귀한 정을 어찌하면 좋을까?"

하니, 권생이 이 말을 듣고 한참 동안 말이 없다가,

"대인은 너무 서러워 마십시오. 대인께서 사랑해 주신 정의는 백골난망이며 소자같이 박복한 인생이 어찌 다 갚기를 바라겠습니까?

하며 행장을 수습하여 나와 인사말을 올리며 눈물을 흘리거늘, 승상도 또한 울며 만류하여

"거의 해가 저물었으니 오늘밤은 여기서 거처하고 내일 떠나도록 하라. 그렇게 하지 않으면 나의 마음이 편치 아니 할 터이니, 장부는 마음을 활달히 널리 먹고 소소한 분별로 더 이상 생각지 말라."

하고 무수히 만류하였다. 또 장부인이 나와 만류하며

"공자는 일 년 동안 거처하던 정을 생각하여 하룻밤만이라도 더 미물고 가라. 이는 생각지도 못한 일이니, 양가의 슬픈 일을 어찌 다 말하리오. 공자는 장부라, 다른 곳에 규수를 맞이하여 새로 정을 붙인다면 우리 집을 잊으련마는, 우리야 죽어 구천에

돌아간들 어찌 공자를 잊으리오?"
하며 무수히 만류하시거늘 권생이 마지못해 그날 밤도 외당에 머무르게 되었다.
 이때 낭자가 별당에 돌아가 생각하니 하늘이 무너지고 땅이 뒤집어지는 듯 여광여취如狂如醉[31])하여, 어찌할 줄 모르다가 설매를 불러,
 "권생은 장부의 마음이라 필연 잊고 잠을 자는 것 같으니, 외당에 나가 보고 오라."
하였다.
 설매가 외당에 나가 보니 권생이 분함과 슬픔을 이기지 못하여, 목침을 돋우어 베고 창문은 반쯤 열어 놓고 달빛을 대하여 적적한 빈 방에 홀로 누워, 한숨을 쉬며 탄식하기를
 "세상만사 허망하다. 일 년 동안 지체함은 앞으로의 혼사를 기다림이었더니, 대사가 모두 헛일이 되었구나. 승상과 부인의 긍휼히 여기는 정분을 생각하니 뼈 속까지 아프도다."
하며 슬픔을 이기지 못하고 노래 한 곡조를 지었는데

 "슬프다, 우리 인연이여.
 가슴에 불이 일어나는구나.
 눈물이 비가 되어 타는 간장 시리건만

---

31) 여광여취如狂如醉 : 미칠 것 같기도 정신이 혼몽하여 취하는 것 같기도 함.

한숨이 바람 되어 쓸쓸히 불어오니
이 내 간장 다 타는 듯
아서라, 그만 두자.
별당에 잠든 낭자야
이 내 간장 이러한 줄 어이 알리오."

하였다.

설매가 듣기를 다하고 별당에 돌아와 낭자에게 권생의 자탄하던 말을 낱낱이 고했다. 낭자가 듣기를 다하니 정신이 아득하여 가슴이 터지는 듯하고, 굽이굽이 생각해 보아도 실낱같은 간장을 마디마디 쓸며 지나가는 듯하여, 수건을 목에 걸고 울며

"야월삼경夜月三更 깊은 밤에
인적은 고요하고 등촉은 밝고 호탕하다.
수건 석 자를 목에 매니 삼혼칠백[32]이
흩어져 나오는구나.
금낭에 옥지환은 정결하고 정결하다.
청백의 한스런 내 마음 옥지환에
짝을 지어 만년인들 변할손가"

---

32) 삼혼칠백三魂七魄 : 하나의 영靈은 세 개의 혼魂과 일곱 개의 백魄을 거느리고 있다고 하여 삼혼칠백이라함. 칠백七魄이란 인간의 칠정七精을 말하며 삼혼三魂이란 삼기三氣로서 천기天氣, 인기人氣, 지기地氣가 있다.

하였다. 이어서 낭자가 생각하기를,

"원수로다, 원수로다. 옥낭목이 원수로다. 제 욕심만 채우려고 남의 정곡을 쏘다니! 그러나 다시 생각하니, 오늘 밤에 죽게 되면 옥낭목의 흉한 모함이 반드시 어른에게 미칠 것이라. 내일 옥가의 예를 올리는 자리에서 칼을 물고 엎드려져 낭목의 눈에 보이리라."

하며 애달프게 울며 시를 읊고는, 지필을 내어 편지를 써서 설매를 시켜 권생에게 전하게 하였다.

이때 권생이 마음이 심란하고 산란하여 누웠다 앉았다 하며 날 새기를 기다리는데, 마침 설매가 편지를 올리거늘 급히 떼어 보니,

'소저 춘화는 두 번 절하옵고 공자 좌하에 불민한 서찰을 두어 자 기록하여 올리나이다. 슬프다, 조물이 시기하고 귀신의 장난인가. 아직 혼례를 올리기 전이라 공자는 외당에 거하고 첩은 내당에 거하여, 한 번도 서로 대하여 말씀은 못하였으나 일 년을 한 집에 지냈던 것은 백년가약을 기다림이었습니다. 떳떳한 마음과 탐탐한 정은 태산도 부족하고 바다도 얕다 하였더니, 천만 부당한 짓거리에 오늘 이러한 망측한 변을 당하오니 이 일을 어이 하리오? 첩은 죽는 수밖에 다른 도리가 없으니, 공자는 명문대가에 장가를 들어 만세 안락하옵소서. 나 같은

박명한 인생이야 구천으로 돌아간들 잊으리까? 이내 외로운 영혼 죽거들랑 두견새가 되어, 공자님 자는 마루에서 소쩍소쩍 울어 보리라[33]. 슬프다, 공자님아, 이 일을 어이 하리오? 꿈이거든 깨워 주고 생시거든 죽여 주오. 실 끝 같이 맺힌 원한 그 뉘라서 풀어 주리오? 하올 말씀 첩첩하오나 정신이 막막하여 이만 그치나이다.'

굳은 필체로 쓴 글씨에 권생이 한없이 슬픈 심정으로 답서를 적어 설매에게 주며 낭자에게 올리라 하였다. 설매가 답장을 받아들고 별당에 돌아와 소저에게 건네니, 소저가 급히 떼어 보았다.

'권익중은 삼가 두어 자 글을 소저 안전에 올리나이다. 슬프다, 소저는 지척에 있건마는 지척이 천리로다. 몇 자 편지로만 밤의 슬픈 회포를 화답하오니, 첩첩한 회포며 첩첩한 정회를 어찌 붓끝으로 다 기록하리오. 그러나 슬픈 마음 이기지 못하니 어찌 할 수 없구려. 소저는 박복한 권생을 생각지 마옵고, 옥생의 부귀영화를 따라 백 년을 편안히 보내소서.'

---

33) 두견杜鵑은 뻐꾸기를 가리킨다. 뻐꾹새는 '망제혼望帝魂'이라 하여 쫓겨난 왕이 고국을 그리워하는 새이고 전의하여 이별한 대상을 그리워하는 비유로 쓰인다. 소쩍새는 간혹 뻐꾸기와 함께 두견으로 불리지만, 이는 굶주려 죽은 며느리가 시어머니를 원망하는 새이고, '시조時鳥'라 하여 그 울음소리로 그해 농사의 풍흉을 점치는 새이다.

하였다. 소저가 편지를 읽고 나서 낯빛이 불끈 변하여
 "권생도 또한 슬픈 마음이 나와 매양 같도다."
하고 속적삼 한 벌, 옥지환 한 짝과 금봉채 한 개를 편지에 봉하여 또 권생에게 보냈다. 권생이 받아 떼어 보니

 "평생 영원한 이별로서 낭군 좌하에 올리나이다. 옥지환과 금봉채와 속적삼을 첩 본 듯이 가져다가, 앞으로 차후 저 세상으로 돌아가더라도 이것으로 저란 듯 여겨 주소서. 내일 결단코 죽어 구천에 돌아가 낭군 댁 귀신이 될 것이니, 첩의 신체를 가져다가 선산에도 묻지 말고 구산에도 묻지 말고 낭군 출입하시는 길가에 묻어 주고, 한식과 추석이면 찾아와 벌초나 하여 주오."

하였다. 권생이 다 보고 나니 정신과 마음이 답답하여 어쩔 수 없었으나, 물건을 받아 품에 품고 날 새기를 기다렸다.
 권생이 승상과 부인에게 하직하고 떠나갈 때 중문을 나가다가 저절로 엎어지니, 승상 부인이 급히 일으키며 위로하여
 "권생은 하해 같은 마음으로 널리 생각하라. 다른 곳에 취처娶妻34)하여 탁정託情35)하면 그만이니, 꿈 같은 중간의 일들일랑 생각지 말며 서러워 말고 귀체를 보존하라."

---

34) 취처娶妻 : 아내를 맞이함. 장가를 듦.
35) 탁정託情 : 정을 붙임.

하고 몇 번이나 위로하며 전송하였다.

　이때 소저는 권생이 떠났다는 말을 듣고 지극히 경황이 없어, 수건으로 목을 매어 사경死境에 이르렀다. 승상과 부인이 급히 끌러 놓고 일러 말하기를
　"춘화야, 춘화야, 정신 차려라. 눈을 떠서 나를 보아라. 한갓 열정만을 생각하고 늙은 부모의 참혹한 마음을 생각지 아니하느냐?"
하며 무수히 통곡하였다. 조금 있으려니 소저가 정신을 차려 눈을 뜨는지라. 승상이 위로하여
　"사세가 난처하게 되었으나 어찌 하리오? 권생을 생각지 말고 옥생을 따라가 좋은 소문이 날마다 들리게 하여, 늙은 부모의 마음을 편케 함이 도리에 떳떳할 것이다. 또한 혼례를 올리기 전에 혼사를 그만 두는 일도 사람에게 혹 있는 일이기도 하다. 어찌 그리 고집을 하느냐?"
하시니, 소저 목을 기울이며 말을 올리는데,
　"소녀 비록 혼례를 올리기 전이오나 지낸 정은 백년을 함께한 즐거움이었으며, 또한 권승상께서 구부지례로 주신 옥지환이 소녀의 낭중에 있사오니, 어찌 예사라 하오리까?"
하니, 승상이 아무 말도 다시 하지 못하였다.

　이때 옥생이 초행醮行36)을 거창하게 차리고, 벌연히 독교獨

교37), 옥교玉轎38), 연자, 금덩39), 화덩을 첩첩히 벌려 세우고, 옥적금쟁玉笛金錚40)과 형목뇌고荊木雷鼓41)로 풍악을 앞세우고 우쭐대며 들어오고 있었다. 각 읍 수령과 여러 벼슬아치들이 옥생을 마치 귀한 손님인 양 맞이하는 모습은 뾰족한 산에 구름이 와서 닿는 듯하였다.

승상이 옥상서를 영접하여 외당에 앉히고 예를 차려 소저를 불렀다. 소저가 병석에 누웠던 그 태도로 예를 차린 자리에 나가니, 늘어진 구슬발에 명월明月이 검은 구름을 지나는 듯하였다. 소저가 자리에 들어서서 목을 가다듬고 옥생을 꾸짖기를,

"너는 아직 철이 들지 않아 아둔하니 어찌 알겠는가? 네 아비는 일국의 간신으로 어찌 한갓 권세만 믿고 남의 정절을 더럽히는가. 빨리 돌아가 너와 똑같은 소인배와 정혼함이 마땅하리라."

말을 마치자 품에서 칼을 내어 물고 엎어지는 것이었다. 승상과 부인, 시비 등이 창졸의 일로 황망하여 급히 달려가 구원하나

---

36) 초행醮行 : 신랑이 초례를 지내기 위하여 처가로 가는 일.
37) 독교獨轎 : 말 한 마리가 끄는 수레.
38) 옥교玉轎 : 옥으로 장식한 작은 수레나 가마.
39) 금덩 : '덩엉'은 공주나 옹주가 타는 가마. 금으로 꾸민 덩을 말한다. '화덩 (花엉'은 꽃으로 꾸민 덩을 가리키는 듯하다.
40) 옥적금쟁玉笛金錚 : 옥피리와 쇠나 구리로 만든 악기 소리.
41) 형목뇌고 : 형목荊木은 가시나무. 뇌고는 천제天祭 때 쓰는 타악기로, 검은 칠을 한 여섯 개의 북을 한 묶음으로 틀에 매달아 친다. 형목은 뇌고를 만들 때 사용한 재료인 듯하다.

낭자는 이미 죽었으니, 백옥 같은 목에서 피가 솟아나고 있었다. 옥낭목은 당황하여 자신이 어디로 가는지도 모르고 창망히 도망치듯 달아나고, 좌우빈객이 물결같이 흩어졌다.

이때 승상과 부인이 소저를 안아 방에 눕히며 가슴을 두드리고 통곡하는데

"춘화야, 춘화야! 네가 정녕 죽었느냐? 일어나라, 일어나라. 무남독녀 너를 두고 천금같이 길렀더니 두견새 혼이 된단 말이냐? 원수로다, 원수로다, 옥낭목이 원수로다. 천지도 무심하고 귀신도 야속하다. 동산에 지는 꽃과 서산에 지는 달은 다시 볼 때 있건마는, 절통하다, 너의 얼굴 언제 다시 한 번 볼까? 단장하던 몸거울[42]은 벽 위에 걸려 있건만 그 뉘라서 다시 보며, 온갖 의복 등 물건들은 좌우에 벌려 있건만 그 뉘라서 입을쏘냐? 애고 답답하고 원통하다. 상긋상긋 웃는 얼굴 볼수록 다시 보고지고. 쟁쟁한 네 말 소리 들을수록 다시 듣고픈데, 대야 같은 빈 방안에 두 백발이 통곡하니 어느 자식이 위로하리? 연당 위에 연꽃잎은 네 죽은 줄 알았는가, 청풍에 오락가락하네. 가는 비細雨에 동쪽 창문 참꽃 가지는 너 죽은 줄 알았는가, 가지가지 이슬 맞아 흐르느니 눈물이라. 후원 버드나무에 앉은 꾀꼬리는 속절없이 슬피 우는데 어이 그리 슬피 우는고? 짝을 잃어 그리는가, 벗을 잃어 그리는가? 새야, 새야, 황조새야, 개개

---

42) 몸거울: 체경體鏡. 몸 전체를 비추는 큰 거울.

하며 우는 너의 소리가 명월 사창紗窓43) 별당 안에 애달프니, 우리 춘화 비단 짜는 소리로다."
하고 얼굴을 대면서 통곡하니, 그 참혹한 정경은 차마 보지 못할 정도였다. 염을 수습할 때 소저 품에서 봉해진 편지 한 장이 나오거늘 떼어 보니,

"불효막대한 권실44) 춘화는 백배百拜하옵고, 영결하는 마당에 두어 자로 부모님 전에 올립니다. 슬프고 가련하다. 불효한 여식女息으로 영화를 바랬더니 영화는 간 곳 없고 불효만 끼쳐 드리니 어찌 자식이라 하오리까? 애고, 답답스런지고. 불쌍한 우리 부모는 이러한 이내 신세가 이리 될 줄 어이 알았으리? 어화, 세상 사람들아. 자식 없는 우리 부모를 불쌍히 생각하오. 남산의 세 치 작은 새도 자식을 사랑하여, 날개로 덮어 주고 입으로 쪼는구나. 가련할사, 우리 부모, 어느 자식이 위로하리? 동지섣달 설한풍과 오뉴월 삼복더위에 추운지 더운지 누가 물을 것이며, 춘풍한식 청명절에 선영향화先塋香火45)는 또 누가 하리? 적막한 이내 몸이 북망산 궂은비에 무주고혼無主孤魂46)되었으니, 적적한 공산空山에 오작烏鵲47)은 지저귀고 어느 동류同

---

43) 사창紗窓 : 얇은 비단을 발라서 만든 창문.
44) 권실 : 여자가 시집을 가면 남편의 성을 따른다. 권씨 집에 시집을 간 여자라는 뜻.
45) 선영향화先塋香火 : 조상들 제사에 향을 피우고 성묘하며 찾아 뵙는 일.
46) 무주고혼無主孤魂 : 의탁할 곳이 없는 외로운 영혼.

類 찾아 갈꼬? 불쌍한 이내 신세, 권씨 댁 산 아래 묻어주오. 백골이 진토塵土 되도록 이 한을 잊을쏘냐! 설매로 발상發喪하고 권생으로 제복祭服하여 행상 뒤에 세워 주오. 유정한 우리 낭군 한번 대면도 못 하고 유정한 정회도 못 통하고 구천에 돌아가니 철천의 포원이라. 말로도 다 못하고 글로도 다 못하니 이만 그치나이다."

하였다. 승상 부부가 보기를 다하고는 뒹굴며 통곡하였다.
"백발부모를 누구에게 맡기고 네가 먼저 죽는단 말이냐? 네가 정녕 죽었거든 우리도 함께 데려 가거라."
하고 무수히 애통해하며, 즉시 부고訃告를 권승상 댁으로 보냈다.

이때 권생은 집에 돌아와, 소저를 생각하며 먼 산만 바라보고 맥없이 앉아 있었다. 마침 하인이 부고를 올리거늘 받아 보니
"박명한 여식이 권랑을 위하여 죽었으니 서랑壻郎[48]은 신체를 바삐 반구返柩[49]하라."
하였다. 승상 부부가 보고 대경실색하여
"불쌍하고 가련하다. 우리 권씨를 위하여 정절을 지켰으니

---

47) 오작烏鵲 : 까마귀와 까치.
48) 서랑壻郎 : 사위를 이르는 말.
49) 반구返柩 : 객지에서 죽은 송장을 고향으로 가져 오는 일. 여기서는 권씨 집에 며느리가 될 여인이 죽었으니 사위가 될 권익중에게 관을 준비하여 시신을 운송해 가라고 하는 말.

어찌 애달프지 아니 하랴?"
하며 즉시 권생을 보냈다.

권생이 영천 녹림촌에 이르러 승상댁으로 들어가니, 승상과 부인이 권생의 손을 잡고 울며

"서랑壻郎은 누구를 보려고 왔는가? 만고정절 우리 춘화, 지금은 두혼杜魂50)이 되었네. 우리가 말년에 춘화를 혼례시켜 녹수綠水에 원앙으로, 오동나무에 봉황으로 짝이 되기를 바랐더니 이것이 웬 말인고? 절통하고도 분하구나."
하고, 가슴을 두드리며 대성통곡하였다.

권생이 이승상 내외의 우는 소리를 들으며 뒤따라 내당에 들어갔다. 소저의 목을 안고 소리 내어 대성통곡하며

"춘화 소저, 춘화 소저, 일어나오, 일어나오. 권익중이 여기 왔소. 이리 될 줄 알았으면 편지하던 그날 밤에 염치를 무릅쓰고 별당으로 들어가서 만단萬端 정회情懷라도 하여 볼 것을, 말 한 마디 붙이지 못하고 영결永結 종천從天이 되었으니, 무궁무궁 나의 한과 첩첩한 그대 원을 어느 때나 풀어 볼까?"
하며 슬픔을 이기지 못하였다.

즉시 상군喪群51)을 발탁하여 출발하였다. 시비 설매를 발상發喪52)케 하고 권생은 호상護喪53)이 되고 명정銘旌54)을 앞세우고

---

50) 두혼杜魂 : 두견새 넋이 됨.
51) 상군喪群 : 장례를 치르는 무리들.
52) 발상發喪 : 상제가 머리를 풀고 울면서 초상 난 것을 발표하는 일.

빈객 등은 뒤에 세웠다. 석양산 저문 날에 해가 넘어가니, 슬픈 소리 내며 아니 우는 이가 없더라.

참혹하다. 장부인이 무남독녀를 길러 내었으나 장례 행사가 끝나니, 엎어질락 자빠질락 뒹굴고 통곡하며 어떻게 할 줄을 몰랐다.

"하느님께 비나이다. 우리 춘화 살려주오. 만장 같은 빈 방안에 나 혼자 버려두고 간다는 말 웬 말인고. 내가 죽고 네가 살면 경사라 하련마는, 불측한 이내 신명 가련하게 되었도다. 단정한 너의 얼굴 이제 다시 못 볼레라. 신체를 반구하여 청양산 언덕 아래 안장하고 돌아왔구나."
라 하는데, 참으로 못 볼 지경이었다.

이때 권승상이 익중의 마음을 안정시키려고, 촉나라 위돌영의 집에 훌륭한 규수가 있다는 말을 듣고 즉시 중매쟁이를 보내어 청혼을 하였다. 위돌영이 허락하자 즉시 택일하여 성례하고 익중을 위로하며,

"차후로는 이李 낭자의 집을 생각하지 말고 위낭자 집에 정을 의탁하여, 만복지원萬福之源[55)]으로 삼고 백년해로하여라. 늙은 부모를 안심시키고 후사를 잘 받들어 어진 자식으로서의 도리

---

53) 호상護喪 : 초상에 관한 모든 일을 주선 함.
54) 명정銘旌 : 죽은 사람의 관직 성명을 기록한 깃발.
55) 만복지원萬福之源 : 만가지 복의 근원.

를 다하도록 하라."

하시거늘, 익중이 엎드려 하교를 받들고 세월을 보냈다.

이때는 달이 하늘에 높이 떠 밝은 구월이라. 위가로 신행하고 3일 만에 재행하여[56] 촉 땅으로 갔다.

이낭자는 죽어 천상에 올라가서 선녀가 되었다. 옥황상제께서 이낭자를 보고,

"너는 인간 세상에서 배필을 만나지 못하고 원통히 죽었으니, 강남 악양루 죽림 속에 가 있으면 자연 네 배필 익중을 만날 것이다."

라 하시고, 또한 허수아비를 만들어 주시며

"이 허수아비의 이름은 우인이며, 자태와 얼굴은 익중과 같이 만들었노라."

라 하였다.

우인이 익중의 집을 찾아가니 승상과 부인이며 위낭자가 익중인 줄 여겨 반겨하고 서촉 안부를 물으니, 우인이 대강대답하고 진짜 익중이 오기를 기다렸다.

이때, 권생이 며칠을 돌아다니다가 집으로 돌아와 대문 안에 들어서니, 당상에 어떤 한 사람이 앉았다 일어났다 하며 화를 내는 것이었다. 익중이 이를 보고

---

56) 재행再行 : 혼인할 때 먼저 신랑이 신부의 집으로 초행醮行하여 육례를 치르고는 사흘 후 신부를 데리고 자기 집으로 신행新行한다. 이렇게 혼례가 끝난 후 처음으로 신랑이 처가에 가는 것을 재행再行이라 한다. 본문에서는 신행과 재행을 혼동한 듯하다.

"내가 서촉으로 갈 때에 저러한 귀신이 꿈에 현몽하여 '나는 금강산에 사는 헛개비라는 귀신이다. 비 오고 바람 부는 날이면 의탁할 곳이 없다. 내가 들으니 너의 집이 부자라 하니, 모월모일에 너의 집을 찾아가서 너를 쫓아내고 내가 있으리라.' 하면서 오늘 대낮에 들어온다 하였거늘, 저놈이 그 놈이로다."
라고 짐작하고 중문에 서서 부모를 불렀다. 승상은 부인을 붙들고 기가 막혀 묵묵히 말없이 앉아 있을 따름이라. 익중이 들어오니 난형난제難兄難弟[57]되어 어느 것이 참 익중이며 어느 것이 거짓 익중인지 알기 어려웠다. 승상이
"자식이 아비만 못하다 하였으니 아비도 몰라보는구나."
라 하니, 부인이
"먼저 온 것이 참 익중이 분명하고 나중 온 것이 귀신이 분명하다."
하고는
"어젯밤에 여차여차한 꿈을 꾸었더니 과연 그대로이구나. 승상은 의심치 마소서."
하였다. 이어서 부인이 하인을 불러
"중문에 들어오는 귀신을 급히 둘러 내쫓아라."
라고 하였다.
이에 하인이 벙거지를 둘러쓰고 대문 밖에 쫓아 나가, 복숭아

---

57) 난형난제難兄難弟 : 형이라 하기도 어렵고 동생이라 하기도 쉽지 않다는 말.

나무의 굵은 가지를 쓱 꺾어 손에 쥐고는 아랫종아리를 두드리며, 개떡을 이마 위에 철썩 붙이고 물밥을 등에 얹은 후, 익중이 당장의 곤욕과 매를 견디지 못할 정도로 산골 물이 콸콸 소리내며 흘러가듯 두들겨 때렸다[58]. 익중이 하는 수 없어 뛰쳐나와 마을 앞 수풀 속에 기대어 앉아서 생각해 보니, 이것이 꿈인가 생시인가 싶었다.

세상에 이런 허황한 일이 어디 있으리오? 이것이 다 가짜 익중 때문이나, 소진蘇秦과 장의張儀[59]의 구변으로도 밝힐 길이 없었다. 다시 들어가 맞아 죽기를 결단하고 한번 진위를 분별해 보리라고 여기다가 돌이켜 생각하여,

'가짜로 들어온 귀신에게 두들겨 맞은 꼴로 변명도 쓸 때 없겠거니와, 이제 천하강산 두루 돌아 구경이나 다한 후에, 강남 명월 악양루[60]를 구경하고 동정호[61]에 빠져 죽으리라.'

하고는 일어나 길을 나섰다.

권생은 이윽고 몇 달 만에 용문산을 돌아, 구 년 동안 물을

---

58) 푸닥거리의 전형적인 방법.
59) 소진蘇秦과 장의張儀 : 전국 시대의 유세가遊說家들로 소진은 진秦에 대항하자는 합종책을 펼치고 장의는 진秦에 복종하자는 연횡책을 펼침. 모두 구변과 설득력이 뛰어남.
60) 악양루 : 중국 호남성 악양에 있는 누각.
61) 동정호洞庭湖 : 중국 호남성湖南省 북부에 있는 중국에서 가장 큰 민물 호수. 양자강의 흐름을 조절하는 구실을 하며 예로부터 많은 시인들에 의하여 읊어진 명승지임. 여름철에는 물이 불고 겨울철에는 줄어든다고 한다.

다스린 하우씨夏禹氏[62]의 유적과 위수로 돌아들어 백구 한 마리 나는 곳에서 강태공의 조대釣臺[63]도 보았다. 황학루[64]를 들러 학을 타고 하늘에 오른 이는 그 뉘던가? 봉황대[65]에 나아가니 물을 가르는 백로 한 마리 날아가고, 채석강[66]을 돌아보니 이태백은 간 곳 없고 밝은 달만 떠 있네. 적벽강[67]을 돌아드니 삼국풍경은 사라지고, 소자첨蘇子瞻[68]은 어디 갔나? 짧은 언덕도 천 길이라. 군산에 들어가니 왕소군[69]이 태어나 자라던 마을에는 한밤중 달빛만이 가련하다. 마외[70]를 바라보니 양귀비의 고운 자태 당명황[71]이 눈물짓고, 해성으로 돌아드니 계명산

---

62) 하우씨夏禹氏 : 홍수를 다스린 하나라 임금.
63) 조대釣臺 : 낚시하던 자리.
64) 황학루 : 중국 후베이 성湖北省 무창武昌에 있는 높은 누각. 양자강을 조망하는 경치가 아름답고 이백李白, 최호崔顥 등의 시로 유명하다.
65) 봉황대 : 동진의 수도 금릉에 있다는 누각. 이백이 이곳에서 지은 〈등금릉봉황대〉라는 시가 유명하다.
66) 채석강 : 중국 당나라의 시선 이태백이 달빛 아름다운 밤, 뱃놀이를 하며 술을 즐기다 강물에 비추어진 달을 잡으러 푸른 물에 뛰어들어 그 삶을 마감하였다는 강 이름.
67) 적벽강 : 중국 황강현黃岡縣의 성城밖에 있으며 송宋나라의 시인 소동파蘇東坡가 이 곳을 찾아가 '전후적벽부前後赤壁賦'를 지었음.
68) 소자첨蘇子瞻 : 본명은 소식蘇軾(1037~1101), 자는 자첨子瞻, 호는 동파, 소동파라고도 함.
69) 왕소군王昭君 : 중국 전한 원제元帝의 후궁?~?. 이름은 장嬙, 소군은 자字. 기원전 33년 흉노와의 화친 정책으로 흉노의 호한야선우呼韓邪單于에게 보내졌다. '명비(明妃)'라 불리며, 후세의 많은 문학 작품에 애화哀話로 윤색되었다.
70) 마외 : 양귀비가 죽은 곳. 안록산의 난이 일어나자 현종은 양귀비와 함께 촉 땅으로 피난을 갔는데, 이때 호위병들이 책임을 양귀비에게 돌려 죽이려 하자 양귀비는 비단으로 목을 매어 자결했다.

퉁소 소리에 우미인의 손목을 잡고 초패왕72)이 울었어라. 진시황의 만리성과 한 태조의 발검참사拔劍斬蛇73) 하던 곳을 묵묵히 구경하였다. 무릉도원을 찾아가니 봄이라 온갖 복숭아꽃이 만발하여, 어느 곳이 더 신선이 있는 깊은 곳에 가까운지 분별키 어렵구나. 고소대姑蘇臺74)를 올라갔다 내려오니 온 마을에는 떨어지는 꽃잎이 나부끼는데 월나라 서시西施75)의 흔적이라.

익중이 그렇게 명산대천을 다 구경하고 악양루를 찾아갔다. 악양루 누각 난간 밑에 동정호의 물이 흘러가, 구경을 다한 후에 동정호 물에 빠져 죽기로 작정하였다. 악양루를 찾아가서 다시 한 층을 올라갔다.

황릉묘76) 위에는 두견이 울고 호연봉엔 구름이 뜨고, 소상강

---

71) 명황제 : 당나라 현종.
72) 초패왕 : 초나라 항우를 말함. 한나라 유방의 신하 장자방이 부하들에게 퉁소를 가르쳐 초나라의 슬픈 노래를 초나라 진지가 있는 계명산 근처에서 불게 하였다. 전쟁이 끝나 고향으로 돌아가기만을 기다리던 초나라 병사들이 고향의 노래를 듣고 슬퍼하며 하나 둘 달아나 항우의 곁에는 겨우 몇십 명의 부하들과 우미인만 남았다. 이때 항우가 슬퍼하며 〈해하가〉를 지었다.
73) 한 태조의 발검참사拔劍斬蛇 : 전한 태조 유방의 일화이다. 진시황의 능묘를 만들기 위해 인부 동원령이 내리자 유방이 인솔자가 되었는데, 동원령을 거부하여 사람들을 돌려보내고 마침 지나가던 뱀을 칼로 베어 죽였다. 그 자리에 한 노파가 찾아와서 울었다. 사람들이 이유를 묻자 노파는 "내 자식이 백제白帝의 자손인데 적제赤帝의 자손에게 죽임을 당했다"라고 하였다.
74) 고소대 : 오吳나라 고소산에 있는 누대.
75) 서시西施 : 월나라 왕 구천이 오나라 왕 부차에게 바친 미인.
76) 황릉묘 黃陵廟 : 중국 순임금이 강남지방을 순시하다호남지방 소상강가에 있는 창오산에서 죽었다. 소식을 들은 두 왕비 아황과 여영이 이곳까지

엔 밤비가 오고 동정호에는 달이 뜨는데, 어장촌에는 개가 짖고 시골 가게엔 닭이 울며, 가는 물줄기 강변엔 해오라기가 만경창파 돌아들고 한밤중 깊은 밤에 기러기는 십 리 모래사장에 날아든다. 안개 바람은 쓸쓸하고 낙엽은 소소한데, 까마귀와 까치는 옆으로 빗겨 들고 객들은 떠나간다.

권생이 이윽고 악양루 난간을 빗겨 잡고, 죽기를 작정하고 동정수에 눈물을 흩뿌리면서 슬퍼 탄식하기를

"동정호야, 네 아무리 깊을지언정 이내 근심에 비할쏘냐!"

하였다. 광대한 천지 간에 의탁할 곳이 없어, 익중은 동정호에 빠져 죽기로 작정하였다. 동해의 노중연[77]과 멱라수의 굴삼려[78]와 서산의 오자서[79]와 오강烏江에서 자결한 항우까지 면면이 찾아보고, 이생에 남은 한과 전생에 남은 한을 낱낱이 다 말하고자 하였다.

물결은 광분하고 바람은 소슬한데 죽자 하니 오죽하리. 어떤

쫓아 왔으나 죽은 곳을 알지 못하고 마침내 피눈물을 흘리며 함께 죽었다고 한다. 이들을 위하여 지은 사당을 말함.

77) 노중연魯仲連 : 전국시대 제나라 사람. 빼어난 안목과 언변을 지닌 인물이다. 당시 유세객들이 입신양명을 위해 입을 놀린 것과 달리 사심 없이 천하를 위해 유세한 은자.

78) 굴삼려 : 굴원屈原, BC340~BC278, 초나라의 시인, 정치가·정치가다. 왕족으로 태어나 회왕 때 좌도에 임명. 학식이 높고 정치적 식견도 뛰어나 국사를 도모, 외교적 수완이 뛰어났으나 무함을 받아 신임을 잃고 지 살힘.

79) 오자서伍子胥 : ?~BC485. 춘추 시대 오나라 정치가, 이름은 운員. 본래 초나라 출신이나 아버지와 형이 평왕의 노여움을 사 처형된 뒤 초나라를 떠났으며 오나라의 약진에 크게 공헌하였으나 점점 오나라 왕 부차(夫差)와 사이가 벌어져 목숨을 잃음.

사람은 팔자 좋아 부모와 처자가 있어 백년해로 길이 즐기는데, 어화, 나의 몹쓸 팔자, 부모도 아내도 있건만은 이리 될 줄 어이 알았으리.

두세 번 나아갔다 물러났다 하다가, 익중은 마침내 두 눈을 감고 동정호에 몸을 던졌다. 이제 죽었구나 하고 떨어지는 순간 동정호 난간에 손이 풀로 붙인 것처럼 붙어 떨어지지 않았다.

익중이 기절하여 난간에 엎드려서 동정호에 빠졌는가, 아닌가 하며 분별치 못하다가 가만히 정신을 차렸다. 이것이 인간세상인가 물 밑인가, 죽어 귀신이 되었는가, 살아 생시인가 하다가 놀라 자세히 살펴보니 난간에 한 쪽 손이 여전히 붙어 있는 것이 아닌가.

그때 홀연히 바람결에 거문고 소리 들리거늘, 고요히 일어나 정신을 차려보니 붙은 손이 떨어졌다. 한 마리 청조靑鳥가 인도하여 대나무 숲 속에 이르니, 은밀한 죽림 가지 사이로 정자가 보였다. 달 속에 계수나무를 옥도끼로 툭툭 쳐서 빚어낸 듯 사방에 기둥 모양을 내고, 천상에는 동서로 푸른 빛 옥구슬을 찬란히 줄 곧게 서로 걸고, 구름으로 산호珊子를 얽어 무지개로 들보를 올리고 너울로 단청丹靑하고 정패유성[80] 좋은 나무로 여닫이문을 달았는데, 북두칠성 무늬는 돌쩌귀[81]요 동두칠성

---

80) 정패유성 : 좋은 목재를 내는 수종樹種의 이름인 듯함.
81) 돌쩌귀 : 문짝을 문설주에 달아 여닫는 데 쓰는 두 개의 쇠붙이. 암짝은 문설주에, 수짝은 문짝에 박아 맞추어 꽂는다.

무늬는 문고리였다. 견우직녀의 지귀석[82]을 좌우에 주춧대로 놓고, 여와씨의 보련석[83]을 들쑥날쑥 음양에 맞춰 기와를 얹으니, 별들은 주련柱聯이 되고 해와 달은 문과 창이 되었다.

그 가운데 어떠한 낭자가 칠현금을 빗겨 안고, 오초吳楚의 넓은 들에 불어오는 바람을 함께 즐겨 실실이 희롱하며 노래하니, 월궁항아[84]가 부른들 이보다 더할 수 있으랴!

이때 익중이 불문곡직하고 들어가니 낭자가 거문고를 놓고 침금에 의지하고 숨거늘, 익중이 옥이 부딪는 음성으로 공손히 달래며

"낭자는 천지 같은 넓은 마음으로 하해河海같이 깊이 생각하여 빙설氷雪 같은 절개를 잠간 굽어 살피소서."

하니, 낭자가 일어나 아미蛾眉를 기울이고 가는 목을 가다듬어 옥구슬 같은 목소리로 꾸짖으며

"귀신이냐? 사람이냐? 목숨을 아깝게 여기거든 빨리 나가 목숨을 보존하라."

하는 소리가 옥반에 구슬이 쏟아지는 듯하였다. 익중이 다시

---

82) 지귀석 : 견우와 직녀가 만날 때 말을 타거나 말에서 내릴 때 발돋움으로 쓰려고 놓는 큰 돌.
83) 여와씨의 보련석 : 여와씨는 중국 신화의 여신으로, 머리는 사람이고 몸은 뱀의 형상이라고 한다. 공공과 축융이라는 신들이 황제의 말을 거역하고 싸우다 중 공공이 패하자 화가 나 하늘을 받치는 기둥을 치받는 바람에 하늘에 구멍이 나자, 여와씨가 오색의 돌인 보련석을 주워 갈아서 하늘을 막았다고 한다.
84) 월궁항아月宮姮娥 : 달에 있는 궁궐에 산다는 선녀. 견줄 만한 사람이 없을 정도로 아름다운 여자를 비유적으로 이르는 말.

꿇어앉아 애걸하며

"생은 기주의 권승상 아들 익중이라 하오. 집안이 온통 화를 입어 사방 천지 부평초같이 다녔더니, 오늘밤에 악양루에 올라 자다가 거문고 한 곡조에 춘흥을 못 이겨서 왔나이다."
하니, 낭자가 이 말을 듣고 옷깃을 거두며 다시 묻기를

"권승상의 자제子弟면 영천 녹림촌 이낭자의 집을 아시나이까?"

익중이 눈물을 씻고 한숨을 쉬며 말하기를

"이낭자의 집안과는 평생 잊지 못할 것이라. 악독한 옥낭목의 환란을 입어 지금은 두견새 혼백이 되었으니 나의 가슴에 못을 박은 사람이오. 죽사온들 잊으리오. 그러나 낭자의 집은 어찌 알고 계시는가?"

낭자가 다시 묻기를

"그럴진대 정분으로 받은 신표가 있나이까?"
하니, 익중이 괴이하게 여겨 품속에서 옥지환 한 짝과 금봉채 한편과 속적삼 한 벌을 내어 놓으며

"이것이 이낭자의 정표로소이다."
하니, 낭자가 익중의 손을 잡고 한편으로 슬프고 한편으로 기뻐하여,

"이낭자인 내가 왔소. 낭군님을 보려고 이곳에 내려와서 주야로 기다렸더니 슬프고 반갑도다. 첩첩한 정희와 무궁한 원한을 어찌 다 측량하리오?"

익중이 낭자의 가는 목을 후다닥 끌어안고
　"꿈인가 생시인가, 반갑고 즐겁도다. 죽은 낭자를 다시 보다니 이런 일이 또 있는가? 옛날 절대가인 낱낱이 헤아리니 한나라 왕소군과 월나라 서시와 당나라 양귀비는 만고절색이로되 죽어지면 못 보거든, 유정한 우리 낭자는 죽은 후에 다시 이리 만날 줄 몽매간에 내 어찌 알았으리. 세상 고금古今에 희한한 일이 다 있도다."
하며 자초지종을 물었더니 낭자가 전후수말前後首末을 낱낱이 이야기하였다.
　"죽어 선녀가 되어 옥황상제께 명을 받아 낭군님을 기다렸는데, 혹 다른 사람인가 염려스러워 그리 속였나이다."
하고, 술을 내어 놓고 권하였다.
　태을선인의 연엽주와 이태백의 포도주와 신선 갈홍이 빚은 만물주를 유리 호박으로 된 산호병에 차례로 진열하여 색색으로 벌여 놓고, 단산의 봉찜과 푸른 바닷가 오리탕을 옥쟁반에 괴어 놓고, 비취빛 앵무잔에 맛좋은 연엽주를 가득히 부어 섬섬옥수로 드리거늘, 익중이 호탕하여 일배일배부일배一杯一杯復一杯로 만취토록 마신 후에 취흥을 못 이겨서 낭자에게 청하여
　"이미 밤이 깊었으니 함께 잠자리에 드는 것이 어떠하오."
　낭자가 말하기를,
　"혼인의 예를 치르기 전에 어찌 몸을 허락하겠습니까? 아직 기다려 주옵소서."

하고 두어 자 글을 적어 공중으로 날려 보내니, 이윽고 사방으로 화촉이 황홀하게 켜지며 여러 선관이 들어오는 것이었다. 남극 노인성[85]과 일광 노태성은 최상의 손님으로 지휘하고, 그 나머지는 영주·봉래·방장[86]의 신선들 좌우 하객으로 늘어서고, 천태산 마고선녀[87]와 요지[88]의 서왕모[89]는 낭자가 게시하고, 나머지 여러 선녀는 앞뒤로 시위하였다. 운모병풍 둘러치고 청학과 백학이 좌우에 늘어서고, 가을 하늘 별들은 촛불이 되고 달 속의 계수나무는 병화[90]로다. 신선 적송자가 기러기 한 쌍을 드리우자 신선 안기생이 이것을 내려놓았다.

익중은 화려한 꽃무늬 금관 모자에 꿈틀거리는 용무늬 새겨

---

85) 남극노인성南極老人星 : 천구天球의 남극 부근에 있어 2월 무렵에 남쪽 지평선 가까이 잠시 보이는 별. 중국 고대 천문학에서는 사람의 수명을 맡아보는 별이라 하여 이 별을 보면 오래 산다고 믿었음.
86) 영주·봉래·방장 : 해상에 세 개의 신산神山이 있는데 봉래蓬萊와 방장方丈과 영주瀛州 이며 이 산속에 장생불사長生不死의 선약仙藥이 자라고 있으며 수 많은 선인仙人들이 살고 있다는 전설이 있음.
87) 마고麻姑 : '마고할미', '마고선녀' 또는 '지모신(地母神)'이라고도 부르는 할머니. 혹은 마고할망이라고도 한다. 주로 무속신앙에서 받들어지며 전설에 나오는 신선 할머니이다. 새의 발톱같이 긴 손톱을 가지고 있다고 함.
88) 요지瑤池 : 요지瑤池는 신선이 사는 못. 중국 곤륜산崑崙山 정상에 있다고 함. 주周나라 목왕穆王이 서왕모西王母를 만났다는 곳이다. 밤에 천상에서 신선들이 용이나 기린 또는 봉황을 타고 내려온다고 함.
89) 서왕모西王母 : 서화금모西華金母 혹은 왕모낭랑, 서모금모西.金母, 요지금모瑤池金母로 불렸고 금령金靈의 기운을 다스렸다. 서왕모는 곤륜산 정상의 요지라는 아름다운 호숫가에 살고 있다고 한다.
90) 병화 : 달 속의 계수나무 모양에서 비추는 빛이 불꽃처럼 환하게 비춰준다는 말.

진 허리띠를 두르고, 낭자는 칠보단장 갖춘 후 녹의홍상을 입고서 육례를 치르니, 팔선녀들이 움직이며 작위하고 온갖 악기들로 풍악을 울렸다. 예를 마친 후에 여러 선관들이 익중의 손을 잡고,

"우리는 천상의 선관으로 상제에게 명을 받아 그대에게 예를 이루게 하노라."
하고는 이내 구름을 타고 행행이 사라졌다.

익중이 공중을 향하여 무수히 사례하고 돌아와 낭자와 함께 하룻밤 동침하니, 깊은 밤에 만단정회는 이루 말 할 수 없더라. 익중이 사랑함을 이기지 못하여 낭자의 목을 훌쳐 안고 희희낙락하여

"바람아, 불어라. 비야, 오너라. 우리 둘이 만났으니 만고 여한 풀어진다. 둘이 몸을 뭉치다 동정수에 떨어지거나 말거나 이런 사랑 또 있을까. 우리 둘이 만났으니 태산이 평지 되고 하해가 육지가 되도록 살아보세."
하며 즐거운 시간을 보냈다.

계명성이 들리자 낭자가 일어나 앉아 촛불을 밝히고 약 세 봉지를 주며 말하기를,

"상제의 명령이 계명성이 들리거든 올라오라 하셨습니다. 전상옥황께서 허수아비를 보내었으니 이 약을 가져다가 한 봉을 대문 안에 떼어 보소서. 푸른 빛 연기가 일어나며 허수아비가 없어질 것입니다. 또 오 년이 지나 이곳에 와서 오늘 밤 복중에

들어 때가 찬 아이를 데려가옵소서. 이것이 다 우리가 전생에 지은 죄악이라. 서로 만나 해로할 날이 멀었으니 어찌 하오리까?"

익중이 듣기를 다하고 크게 놀라

"오늘 낭자를 만나 죽어도 같이 죽고 살아도 같이 살자 하였더니 이것이 웬 말이오? 가지 마시오. 못 가오. 기약 없이 못 가나니, 만정의 회포 풀지 못하고 간다는 말이 웬 말이오?"

낭자가 다시 위로하여,

"낭군님은 지나치게 슬퍼하지 마시고 때를 기다리옵소서. 천명을 어이 거역하오리까?"

하며 이별주를 부어들고 이별곡을 지었다.

"슬프고 슬프도다. 천명은 지극히 중하고 인간사 정은 가련하다. 하룻밤 동침 연분에 백 년간의 인간세상 이별 되니 닫힌 창문 반만 열고 동정호 바라보니 호리쌍쌍 원앙새야 너의 연분 부럽구나. 만경창파를 방으로 삼고, 연잎으로 금침삼고 연꽃으로 옷을 지어 이리 날아 둘이 쌍쌍, 저리 떠돌며 둘이 동동. 소상강 원숭이야 너 어디 울 곳이 없어 그같이 슬픈 곳에 저리도 슬피 앉아 우는가. 너 울음 슬픈 소리 높이 뜬 밝은 달 아래 나그네와 일엽편주 채련곡[91])도 억만 근심 새롭거든, 하물며

---

91) 채련곡 : 연꽃을 따며 부르는 노래.

이별하는 우리 간장이야 비할 곳이 있을소냐. 낭군님은 가실 때에 한산사[92]를 멀리하고 풍교에 배를 매고 어화를 대할 때, 한밤중 종소리 일어나면 낭군님 이별하는 약한 간장 어찌 조용할까. 낭군님 가실 때에 기러기와 짝을 마소서. 기러기 따라가면 푸른 물 밝은 모래 언덕 위에 아황·여영이 고혼 되어 이십오현 비파소리로 월하에 빗겨 앉아 억만 근심 풀어내면, 낭군님 이별하는 약한 간장 아니 울고 어이하리. 계산파무稽山罷霧 길을 찾고 경수무풍鏡水無風[93] 배를 띄워 어룡으로 짝을 삼고 서남에 자고 가소서."

하며 노래를 마친 후에 홀연히 사라지고 간 곳이 없었다. 익중이 망극하여 하늘을 우러러 무수히 사례하고, 적적한 방안에 홀로 앉아 생각하니 허무하기 짝이 없었다. 이별주 한 잔 취한 술에 몸이 노곤해져 잠깐 졸다가 바람 소리에 눈을 떠 보니, 동방이 밝아오는데 바위 위에 누워 있었다. 익중이 망극하여 일어나 앉아 탄식하였다.

"헛것에 홀렸었구나. 몹쓸 귀신, 부귀영화로 사는 사람 세상에 많건마는 불쌍한 떠돌이 나그네를 이 지경으로 만들다니,

---

92) 한산사 : 쟝서성 쑤저우시성 서쪽 창먼閶門 밖으로 5km 풍교진에 있는 사찰이다. 한산, 습득 스님의 고사로 유명하다. 당나라 때의 시인 장계가 읊은 '풍교야박'은 널리 잘 알려져 있다.
93) 계산파무울차아稽山罷霧鬱嵯峨경수무풍야자파鏡水無風也自波 : 산엔 안개 자욱이 높고, 맑은 물은 바람도 없는데 스스로 파도를 일으킨다.

차라리 어제 저녁에 죽었으면 오늘 고생이나 아니 할 것을, 몹쓸 귀신이 웬 말인가?"
 석상을 돌아보니 약 세 봉지가 놓여 있었다. 경황없는 중에 긴가민가하여 부지불식간에 실험이나 하여 보자 하며 집으로 돌아왔다.

 이때 우인이 자칭 호걸이라 하고, 남아가 세상에 나왔다가 두고 쓰지 못하면 왕장군의 고집이라. 어찌 조그마한 즐거움을 뜻대로 못할까 보냐? 서산에 나무를 베어 남천에 초당을 짓고 노비를 불러 밭을 갈았다. 매를 잡아 길들이고 서산나귀를 솔질94)하여 순금안장 지어 두고, 오동보판 거문고를 색줄 걸어 빗겨 안고 남풍가로 답을 할 때, 절대가인 옆에 두고 취한 듯 깬 듯 누웠으니 대장부 평생 즐거움이 이뿐이었다. 그러나 권승상 부부는 진짜 익중인 줄 알고 귀한 자식이라 하며 기쁨을 금치 못하였다.
 익중이 집에 돌아오는 길에 청양산 낭자가 일러주는 대로 보하에 다녀와 가까운 마을에서 밤을 지내고, 그 이튿날 아침에 집으로 돌아왔다. 대문 안에 다다르니 우인이 당상에 앉아 있었다. 익중이 약 한 봉을 떼어 보니 우인이 안으로 들어가고, 마당 안에서 또 한 봉을 떼어 보니 우인이 방문을 열고 들어가

---
94) 말이나 당나귀를 보살필 때, 솔로 털을 빗겨서 벼룩 등을 잡고 털결을 정리한다.

며, 또 한 봉을 떼 보니 운무가 자욱하고 일월이 희미하며 푸른 별빛이 홀연히 드러나더니 우인을 잡아내어 벼락을 쳤다. 우인은 정신을 잃고 힘도 없이 황황급급하여 넋을 잃고 지척을 분별하지 못하였다.

홀연히 구름 같은 연기가 걷히고 날이 다시 밝아 왔다. 살펴보니 우인은 간 곳이 없고 짚단이 그을려 있거늘, 승상과 부인이 그제야 참 익중인 줄 알고 한편 울고 한편 웃으며 말하기를,

"하마터면 집이 망할 뻔하였도다. 이렇듯 신기한 일이 또 있을까. 불쌍하다, 우리 익중아, 그 사이 어디 가서 머물렀느냐? 원망을 밝은 하늘이 도와 천벌로 분별해 주었으니 어찌 영험하고 두렵지 아니한가. 아는 것이 모르는 것만 못하다 하였으니 헛것을 자식인 줄 알았구나. 이것은 우리가 자식을 사랑함이 박절한 탓이로다. 하늘이 감동하여 집안을 다스려주니 이는 익중의 효성이 지극한 탓이로다."

라고 몇 번이나 거듭했다. 익중이 엎드려 아뢰기를,

"이것은 모두 다 부모님의 죄가 아니고, 불효자 익중의 죄로소이다."

하며 그간의 행적을 낱낱이 말씀드리고

"다름 아니오라, 영천 녹림촌 이낭자가 죽어 천상에 올라가 선녀가 되었습니다. 상제가 이를 보시고 서로의 깊은 원앙새의 인연에 감동하시와, 소자에게는 허수아비를 만들어 보내고 낭자는 악양루 죽림 속으로 보내어 서로 만나게 하셨으니 어찌

부모님의 허물이라 하오리까? 소자가 집을 하직하고 사방을 유랑하며 부평초같이 다니다가, 악양루에 가서 낭자를 만나고는 여러 선관을 모아 성례를 올리고 하룻밤 동침을 하였더니, 오 년 후에 아이를 데려가라 하고 또 약 세 봉지를 주며 집에 돌아가서 가문을 다스려 여차여차하라 하였습니다."

승상이 이 말을 듣고 감격하여 각별히 기록하고 이 연유로 가보家譜에 고告하였다.

날을 잡아 빈객을 모아 잔치를 열고 이 말을 낱낱이 이야기하니 듣는 사람들이 뉘가 칭찬하지 않으리오.

이때 위낭자가 죽기를 결단하고 음식을 전폐하여 비단 이부자리를 물리치며 누워,

"첩은 하늘이 낳은 죄인이라. 무슨 낯으로 낭군님을 대하오리까?"

하거늘, 익중이 낭자를 위로하며

"이는 다 나의 죄악이오. 그것은 한때 짚단으로 어찌 몸에 욕이 되리오? 낭자는 늙은 부모와 나를 위하여 옥체를 편안히 보존하소서."

위낭자가 정신을 차려 일어나 앉아 그동안 허수아비에게 속은 말을 전하며, 가짜 익중이 출입을 전폐하고 부모에게 효성과 친척우애를 돈독히 하고 상하 내외 화목함이 비할 데가 없었다고 하였다.

세월이 여류하여 이낭자와 이별한 지 오 년이 되자, 약속대로 익중이 악양루로 찾아갔다.

　"가자 가자, 어서 가자. 악양루를 어서 가자. 보고 싶네, 보고 싶네, 정든 낭자 보고 싶네. 물이 다한 남쪽 하늘엔 구름 한 점 없으니 동정호가 어디인가. 십 년간 푸른 풀과 나무 숲 아래 소상강이 어디인고. 오초동남 넓은 들엔 하늘과 땅이 잇닿았네."

　여러 날만에 악양루에 다다르니, 천상에 해가 떨어지고 창파에 달이 떠올랐다. 다시 한 층을 올라가니 풍경風磬이 울렸다. 익중이 이낭자를 생각하며 소식을 기다렸더니, 홀연히 거문고 소리가 구름 밖에 은은히 들리거늘, 밝게 귀를 모아 자세히 들으니 그 곡조는

　"만남을 기약하였건만 더디기도 더디도다. 강북에 있는 낭군은 강남에 오기 더디도다. 강남이 머다 한들 천상에 비할쏘냐? 천상에 있는 낭자 인간에 내려왔건만 강북에 있는 낭군 강남에 오기는 더디도다. 천상인간과의 기약이라. 타인이 야 뉘 알소냐."

하였다. 익중이 거문고 한 곡조에 반겨 듣고는 악양루에 나려와 죽림 속으로 들어가니, 낭자가 거문고를 던지고 반겨 맞았다. 서로 마주앉고는 그간 그리던 정회를 대강 설화하고, 낭자가

무릎 위에 아이를 올려 앉혔다.

"배 안에 들었던 아이입니다. 오 년이 지났으니 부자 간에 상면하옵소서."

하거늘, 반겨 살펴보니 과연 옥 같은 얼굴은 봉황의 짝이요. 세상 사람이 아니더라. 아이가 낯을 함께 대며 기뻐하여 말하기를

"아버님은 어이 그리 더디 오십니까?"

하니, 익중이 등을 두드리며

"너의 이름은 무엇이냐?"

"소자의 이름은 선동이라 하옵니다."

하였다. 익중이 사랑함을 이기지 못하여 낭자에게 여러 번 칭찬을 아끼지 않으니, 낭자가 얼굴빛을 바르게 하고 소리를 나직이 하여

"첩은 상제의 명령을 받아 이곳에 오래 머물지 못할 것이니 작별을 고하나이다. 낭군님은 선동을 데려다가 저를 본 듯 길러 주소서. 선동을 데려가게 되면 부자 간 만남이 되거니와 첩은 선동을 보낸 후에 뉘와 더불어 의지하리오? 슬프다, 부부 이별이 막중하거니와 모자 이별은 웬일인가? 선동아, 선동아, 어미를 생각 말고 부친을 따라가서 부디 부디 잘 있어라. 천상에 있을 때는 아비 없는 아이더니, 인간에 내려와서는 어미 없는 아이로다. 눈에 삼삼 네 얼굴과 귀에 쟁쟁 네 말소리 꿈엔들 잊을쏜가. 답답할사, 우리 선동, 아무리 생각해도 차마 떼어놓

고 못 가겠네."

하며 낯을 비비며 울었다.

"젖이나 한번 먹고 가거라."

하며 눈물이 비 오듯 흘러 가슴을 적시었다. 구비구비 쌓인 사랑을 떼려 하니 절박하고, 명명한 천명을 거역하자니 망령하였다.

"깊은 밤 청조靑鳥도 새끼 사랑을 다 알아서 이리할까? 저기 꽃 수풀 사이 풀벌레 같은 짐승도 새끼 사랑을 다 알아서 이리 헤아리고 저리 헤아리는데, 하물며 우리 모자 정분은 남다르구나."

하고는 칼 한 자루와 부채 한 자루와 막대 한 개를 주며,

"너는 이것을 가져다가 급한 일을 당하게 되면 환란을 면하도록 하여라. 이 칼은 던지면 스스로 베는 자용검이다. 이 부채는 구름을 임의로 흩어지게 하는 풍운선이라. 이 막대는 타면 나는 용이 되어 공중을 오가는 비룡장이라. 몸에 지니는 물건이 넉넉하구나."

하고 또 한 장의 편지를 주며,

"이 편지를 영천 녹림촌 너의 외가에 찾아가서 너의 외조부와 외조모를 뵈옵고 드리도록 하여라. 집안이 어지러울 지도 모르고 옥낭목의 화를 당할 수도 있으니 삼가 조심하여라."

하고는,

"너의 외조부모 내외분을 모셔다가 너와 함께 살도록 하여

라."

라고 당부하였다. 낭자가 선동을 어루만지며 차마 떠나지 못하여 한참을 서 있다가 앉았다가 하는 모습은 차마 보지 못할 지경이었다.

선동이 모친의 목을 안고 두 발을 구르며

"어머님, 가시지 마소서. 어머님 보고 싶어 어이 살리오. 부디 부디 가지 마소서."

낭자가 할 말이 없어 거짓으로

"내일 저녁에 다시 오마. 염려 말고 잘 가거라. 천상에 올라가서 신선 안기생安期生의 싱싱한 풀과 서왕모가 먹던 천도복숭아를 한 치마 훑어다가 많이많이 갖다 주마. 부디 부디 잘 가거라. 잠실성에 누에 놓아 부상의 뽕을 먹여 약지에 올려다가 직녀의 베틀에서 월하에 짜내어 은하수에 씻어다가 월궁 선녀 항아가 베던 도자기 베개를 얼음같이 다듬어서 팔선녀의 좋은 비단으로 너의 웃옷 너의 바지 많이많이 지어다가 물물이 너를 주마. 조용히 잘 가거라. 낭군님은 어린 선동 데려다가 부디부디 잘 기르소서. 자다가도 나를 찾고 놀다가도 나를 찾으니 날 찾을 때 있거들랑 안아 주고 업어 주오. 목마르다 하거들랑 물이라도 자주 주며 배고프다 하거들랑 밥이라도 자주 주오. 상할세라 병들세라 자다가도 만져 보오. 멀고 먼 강남 길에 어린 선동 앞세우고 찬찬히 쉬어 가소서."

선동이 망극하여 공중을 향하여 절하며

"어머님은 불효자 선동을 생각지 마시고 천금 같은 귀체를 안보하옵소서."
하더라.

익중이 선동을 데리고 기주로 향했다.
악양루야, 잘 있거라. 동정호는 언제 다시 볼까. 소상강 얼른 건너 반죽섬을 건넌 후에 낙락봉 바라보니 고향산천 어디인고? 화주를 지난 후에 금릉에 다다라 하룻밤을 묵고 이튿날 발걸음을 옮겨 회기를 건너 기주 땅에 다다르니, 익히 보던 고향 산천이 여기로다.

선동이 비록 다섯 살의 어린 아이지만 기골이 웅장하여 행보가 어른과 다름이 없었다. 집으로 돌아와서 승상과 부인에게 알현하니, 승상과 부인이 낭자를 생각하여 한편 슬프나 한편 선동을 보니 사랑스러워, 선동을 서로 안고 눈물을 흘리며
"네 어미 잘 있느냐? 이것은 고목에 꽃이 핀 격이라 즐겁고 사랑함을 이기지 못하겠구나."
하였다. 선동이 또 위낭자에게 공손히 절하고
"어머님 그간 안녕하시옵니까?"
하니, 위낭자 또한 사랑하여 자신이 낳은 자식과 다름없이 하였다.
하루는 선동이 부모에게 청하여,

"외가에 가 보고 싶습니다."
하거늘 익중이 즉시 선동을 데리고 영천 녹림촌으로 행하였다.

 이때 이승상과 장부인은 낭자가 죽은 후로 별당에 낭자 화상을 그려 붙이고 하녀 설매가 모시게 하며
 "불쌍하고 원통하다. 우리 춘화 살아 오게 하여 주오. 선녀 되게 하여 주오."
하였다. 하루는 화상의 빛이 황홀해지면 기쁜 낯빛을 하거늘 승상과 부인이 괴이하게 여겼더니, 마침 권익중이 한 아이를 데리고 들어왔다. 승상 내외가 권랑을 보고 크게 기뻐하며
 "사위는 어찌 그리 소식조차 단절하는가? 아무리 처가를 잊었기로 늙은 사람을 그다지 저버리는가?"
하고 슬픈 마음을 금치 못하며 서러워하거늘, 익중이 꿇어앉으며
 "말씀드릴 게 많사오니 차례로 들어보옵소서."
하고, 선동에게 절하게 하였다.
 "외손자를 따님같이 보옵소서."
하니 승상과 부인이 탄식하며
 "딸 없는 사람에게 어찌 외손자가 있으리오. 필연 위씨의 소생이로다."
하신대, 선동이 낭자의 편지를 올리고 전후 사정을 고하였다. 승상과 부인이 편지를 받아 뜯어보니

"불효한 여식 춘화는 가군家君과 자식 선동 편에 무궁토록 먼 정한을 부모님 전에 올리나이다. 저는 죽어 천상에 올라가 선녀가 되었습니다. 천상의 명령이 지극하여 가군을 만나 한 자식을 생산하였으니 선동이라 하옵니다. 천상에서 오 년을 길러 내어 가군에게 딸려 보내오니, 엎드려 영원히 잊지 못할 부모님, 불쌍한 선동을 소녀 보듯이 봐 주옵소서. 다시 볼 기약은 밝은 하늘에 달렸으니 어찌 미리 말씀 드리오리까? 내외분께 체후 만세 안보하옵소서."

하였다. 글자마다 살펴보니 춘화의 필적이 분명한지라. 그제야 선동을 안고 울며

"선동아, 선동아, 너의 어미는 어디 두고 너 혼자 왔느냐?"
하며 선동의 앞뒤를 살펴보니 어미 모습이 완연하여, 사랑하고 슬픈 마음을 측량치 못하였다.

권랑은 가져온 물건을 마을 사람들에게 주고, 승상과 부인을 모시고 기주로 돌아왔다.

하루는 선동이 익중에게 말하기를

"이 일이 소문나면 필연 옥낭목의 화를 또 입을 것이니, 미리 소지를 하옵소서. 소자가 듣건대 남해의 대인도라 하는 섬은 경성과 수천 리요, 또한 산수 절경이 더없이 좋다 하오니, 화를 피하기에 좋은 곳이라 생각합니다."

라고 하니 익중이 옳게 여겨, 양가 사람들을 모두 이끌고 대인도로 갔다.

이때 옥낭목이 익중의 그간 일을 대충 전해 듣고서 황제께 아뢰기를,

"이승상 과진이 거짓으로 허망한 짓을 도모하여 황명을 거역하고 여식을 권승상 아들과 정혼하여 자식까지 두었다 하오니, 사실이라면 어찌 세상에 법이 있다 하겠습니까?"

황제께서 들으시고는 크게 화를 내셨다. 즉시 기주자사와 영천태수에게 명하여,

"이승상 과진과 권승상 양옥을 경성으로 결박하여 잡아오라." 하셨다.

자사와 태수가 명을 받고 즉시 군사를 일으켜 과진과 양옥의 집을 둘러싸고 보니, 벌써 도망가고 없었다. 자사와 태수가 자초지종을 아뢰니 황제 들으시고 더욱 진노하여 방을 붙여, '과진과 양옥을 잡아 바치는 자 있으면 큰 상을 주리라'라고 하셨다.

선동이 대인도에 들어가서 재주를 시험하니, 육도삼략[95]의 풍운조화를 배우지 아니 했는데도 달통하였고, 신묘한 술법은 옛날 손빈과 오기[96]도 미치지 못할 정도였다. 이때 익중은 도연

---

95) 육도삼략六韜 : 육도는 천하를 다스리고 군대를 움직이는 여섯 가지 비책, 삼략三略은 상략·중략·하략의 3부로 이루어져 있는 간략한 병서.
96) 손빈과 오기 : 손빈과 오기는 춘추전국시대 병법가다. 춘추시대후기, '손자병법'의 저자 손빈은 위나라 장수 방연의 간계로 발이 잘리는 형을 당하

명97)의 본을 받아 후원에 소나무 심기와 동산에 국화 캐기를 일삼으며 국사菊師라 자신을 일컬었다.

하루는 선동이 국사에게 이르기를,

"세월이 여류하여 소자의 나이 십칠 세가 되었으니, 세상에 나가 산천을 구경하고 청양산에 가서 어머님 산소에 성묘하고 돌아오겠습니다."

라 하니, 국사가 그 말을 듣고 크게 놀라며

"이렇게 험한 세상에 어디를 믿고 자식을 내어 보내리오. 그런 미거한 말을 말고 공부나 힘쓰도록 하여라."

하였으나, 선동이 여러 번 이야기 하니 국사가 하는 수 없이 허락하였다. 이때 선동이 대인도를 떠나면서 맹서를 석상에 붙여 쓰기를, '원수를 갚지 못하면 돌아오지 아니하리라.'하였다. 그 글 뜻은 세상에 나가 원수를 갚지 못하면 다시 대인도에 들어오지 않겠다는 뜻이었다.

선동이 대해를 건너 한 곳에 이르니, 인가가 총총히 있고 왕래하는 행인이 무수하였다. 선동이 한 사람에게 묻기를,

---

기도 한다. 초나라를 부흥시킨 오기吳起는 전국시대의 군사 지도자이며 정치가였다. 위나라 사람이며 공자의 제자인 증자曾子 밑에서 공부한 적이 있다. 군대를 이끄는 데 재능을 보였으며 노나라, 위나라, 초나라를 섬겼다.
97) 도연명陶淵明 : 365~427, 중국 동진의 시인이다. 자는 원량元亮, 본명은 잠潛, 자는 연명淵明이다. 오류五柳선생이라고 불리며 시호는 정절靖節이다. 국화를 특히 사랑했다고 함.

"여기서 영천이 얼마나 됩니까?"

하니 그 사람이 말하기를

"여기서 영천은 삼천 칠백 구십 리로소이다."

하였다. 선동이 그 말을 듣고 먼저 영천으로 향하였다.

여러 날 만에 영천 청양산을 찾아가니, 이때가 춘삼월 망간이었다. 꽃은 피어나고 방초는 곳곳이 푸르러지는데, 두견새 슬피 울고 제비들은 날아들었다.

선동이 슬픔을 이기지 못하고 어머니의 무덤가에서 밤을 지냈다. 산새들은 밤새 울고 솔바람은 쓸쓸한데, 어머니를 생각하니 눈물이 뺨을 적셨다. 비몽사몽간에 문득 낭자가 오더니 선동을 어루만지며,

"선동아, 선동아, 무슨 잠을 이다지 깊이 자느냐?"

하고는 거문고 하나를 주었다.

"이 거문고를 가지고 서주 월성촌으로 찾아가서, 진정위 댁 세 선녀를 만나 인연을 맺어라. 그리고 경성으로 올라가서 옥낭목에게 원수를 갚아라."

선동이 놀라 일어나니 꿈이었다. 섭섭한 마음에 다시 잠을 이루지 못했는데, 멀리 마을에서 닭이 울고 서산에는 달이 떨어지고 동쪽 하늘이 밝아 왔다. 선동이 모친의 산소에 재배하고 하직하려다 보니, 꿈에서 받은 거문고가 놓여 있었다. 신기하게 여겨 이를 행장에 간수하고는 서주로 향했다.

길을 가던 중 어느덧 해가 저물어, 선동이 장능 대련 못가에서

밤을 지내게 되었다. 이날 밤 삼경에 못 물에 운무가 자욱하게 떠오르더니, 웬 소리가 산악이 무너지는 듯 들렸다. 선동이 괴이하게 여겨 살펴보니 한 마리의 말이 발굽을 치며 소리를 지르고 달려오거늘, 선동이 급히 달리는 말을 붙들어 뛰어올라 달려 보았다. 그러니 과연 명마라, 초패왕의 오추마와 관운장의 적토마인들 여기서 더할쏜가!

천리마 준총을 얻어 탄 선동은 서주 월성촌을 찾아갔다. 마을 앞의 주막에 들어가 주인을 불러 묻기를

"진정위 댁이라는 집에서는 손님 대접을 잘하는가?"

하니, 주인이 답하였다.

"정위댁 객실은 정결하오나 손님이 오시면 도맡아 다스리는데, 주장이 없는 고로 머무는 손님이 오면 고적하옵니다."

"정위는 어디에 계시관데 주장이 없는가?"

"정위는 수만 리 적소에 계시고 내당에 부인과 세 낭자와 시비뿐이로소이다."

"소저 셋은 자매인가?"

"한 소저는 진정위 댁 따님이요, 또 한 소저는 강도독 댁 따님이요, 또 한 소저는 정숙녹 댁 따님입니다. 두 소저는 의지할 곳 없어 정위댁에 와서 지체하고 있나이다."

선동이 이는 무슨 곡절이 있도다 생각하고, 정위댁 객소에서 잠을 청할까 하였다. 진정위 댁으로 들어가니 시비가 나와 묻기를

"공자님은 어디에 계시는 분이기에 이런 누추한 곳에 오셨습니까?"

하였다. 선동이

"나는 천지 집이 없는 객입니다. 마침 이 마을을 지나다가 해가 저물어 집을 찾아 하룻밤 쉬어 가려고 들어왔나이다."

하니 시비가 듣고 내당에 들어가 고하였다.

"외당에 어떤 공자가 왔습니다. 그런데 세상 사람이 아닌 듯하고 옥경 선관의 짝인 듯합니다."

라고 알렸다.

선동이 저녁밥을 먹은 후, 지난밤의 꿈을 생각하였다.

'거문고를 주신 것은 필시 이 댁 낭자에게 인연을 맺고자 주셨도다.'

그리하여 시험을 해 볼까 하였다.

우선 영창을 반쯤 열고 달 아래 단정히 앉아, 거문고를 빗겨 안고 자탄곡自歎曲을 슬프게 타기 시작했다. 그 곡조가 청아하여 하늘나라 궁궐에까지 들릴 듯했다. 이때 세 소저가 거문고 소리를 듣고 외당으로 나와 문틈으로 가만히 엿보았더니, 그 공자가 과연 선풍도골이요, 세상 사람이 아닌 듯하였다. 이때 선동이 거문고 줄을 다시 고르고 봉구황곡[98]을 연주하였다. 이 곡조는 옛날 사마상여가 탁문군卓文君[99]을 달래는 곡조로,

---

98) 봉구황곡 : 사마상여가 탁문군을 연모하여 구애하는 노래.
99) 사마상여司馬相如와 탁문군卓文君 : 사마상여 BC179~BC117는 중국 전한

다른 사람은 그 곡을 알지 못하였다. 세 낭자가 이 곡조를 듣고 별당으로 돌아와 서로 돌아보며

"외당에 있는 공자가 범상한 사람이 아니로다."
하였다.

세 낭자가 책상에 기대어 잠깐 졸았더니 비몽사몽간에 하늘로부터 한 선관이 내려와 말하기를,

"외당에 너희의 배필이 왔으니 하늘이 맺어 준 연분을 어기지 말라."
하고, 구름을 타고 공중으로 올라갔다. 깨어 보니 한갓 꿈이었다. 일어나 앉아 꿈 이야기를 하니 세 낭자가 모두 같은 꿈을 꾸었던 것이다. 전일에 세 낭자가 셋이 한 가장 섬기기를 언약하였더니, 또한 함께 꾼 꿈 내용을 들어봐도 더욱 이상히만 여겨졌다.

이때 선동이 거문고를 그치고 안으로 무슨 소식이 있을까 기다렸더니, 안에서 글 읽는 소리가 들리거늘, 차근히 들어보니 시전詩傳 표매摽梅장100)을 외고 있는 것이었다. 표매장은 여자가 사납고 포악한 이에게 욕을 볼까 경계하고 두려워하며 어진

의 문학자이다. 〈자허부〉와 〈상림부〉는 그의 대표작으로 아직 그의 부를 능가하는 작품은 없었다고 한다. 탁문군은 서한西漢 때 사람으로, 거상이었던 탁왕손의 딸이다. 용모가 수려한 탁문군은 16세에 결혼했으나 젊은 나이에 과부가 되었다 마침 자기 집에 초대된 사마상여가 〈봉구황〉을 부른 것을 듣고, 둘이 사랑에 빠지게 되었다.
100) 표매摽梅 : '표유매摽有梅'의 약칭, 남녀가 제 때에 만나 혼인함을 노래한 시.

가문으로 시집가기를 구한다는 내용이다. 봉구황 곡조를 듣고 표매장으로 화답하여 외당에 들리게 하는 것이었다. 선동이 또한 관저장101)을 외었으니, 그 글의 뜻은 젊은 남녀가 서로 짝을 구한다는 내용이다.

이윽고 밤이 깊었다. 인적이 고요하거늘 선동이 염치를 무릅쓰고 내당으로 들어가 인사를 청했다. 이에 진낭자가 낯빛을 바꾸며,

"어떠한 사내이건대 이 깊은 밤에 내당에 들어와 규중처자를 능멸하려 하는가? 급히 나가 신명을 보존하라."

라고 하는 소리가 옥쟁반을 때리는 듯하였다. 선동이 다시 앞으로 나오며,

"소생은 기주 권승상의 손자요, 영천 이승상의 외손이라. 소생의 모친이 옥낭목의 화를 만나 자결하여 세상을 버리시고 원혼冤魂이 지극하여 천상天上의 선녀 되어 살다가, 상제의 명령을 받자와 악양루에 내려와서 소생의 부친과 하루 밤 상봉한 것이 연분이 되어 소생을 천상에서 생산하였소이다. 오 년을 자라 인간에 내려와서 대인도섬 중에 지체하다가, 옥낭목이라는 불공대천지원수不共戴天之怨讐102)를 갚고자 하여 경성으로 가던 중, 하루는 꿈속에서 소생의 모친이 이르기를 '서주 땅

---

101) 관저關雎 : 『시경』〈국풍國風〉의 편명. '관저편關雎篇'은 군자가 요조숙녀를 아내로 맞아 다정하게 지내고 싶다는 것을 노래함.
102) 불공대천지원수不共戴天之怨讐 : 같은 하늘을 머리에 두고 살 수 없는 원수.

월성 촌 진성위 댁에 있는 세 선녀를 만나 인연을 맺고 가라.'
하시기에 이곳에 왔습니다. 이는 천생 배필을 만나 연을 맺으라
고 모친께서 남긴 유훈이오니, 낭자는 의심치 마소서. 얼음처럼
차고 눈같이 하얀 절개를 간간이 굽혀 백년언약을 정하게 하소
서."
하였다.

세 소저가 모두 말을 못했다. 서로 꿈에 있었던 일을 연관하여
보니 천생 연분이 아닐 수가 없었다. 또한 일이 다급하니 어찌
피할 수 있으리오. 진소저가 소리를 나직이 하여

"우리들 셋도 역시 옥낭목이 원수인지라. 규중閨中 처자로
원수를 갚지 못하여 심사가 하루도 편할 날이 없었더니, 오늘
밤에 천우신조天佑神助[103]로 공자를 만났사오니 이는 득의지추
得意之秋[104]라. 그러나 사부인의 자녀로 어찌 유장천혈지행窬牆
穿穴之行[105]을 하리오? 돌아가 매파를 보내어 육례六禮[106]로서
만나기를 바라나이다."

선동이 다시 애걸하며

"소생은 망명한 사람이라 구름 같이 떠돌아 자취를 기약하지

---

103) 천우신조天佑神助 : 천지신명이 도와 줌.
104) 득의지추得意之秋 : 바라고 기다리던 때를 얻음. 바라고 뜻한 바 기 그대
로 이루어 질 수 있는 통쾌한 때.
105) 유장천혈지행窬牆穿穴之行 : 담에 구멍을 뚫는다는 뜻으로, 남의 집 재
물이나 여자를 탐내어 몰래 들어감을 이르는 말.
106) 육례六禮 : 신랑 신부가 혼례를 치르기 위한 여섯 가지 단계.

못하니 어찌 매파媒婆를 보내리오. 거문고로 매파를 삼아 만날 봉逢 자의 연분을 이을지라. 낭자께서는 송죽松竹 같은 절개를 굽히소서."

진낭자가 할 말이 없어 팔자八字의 고운 눈썹을 나직이 하고 잇속을 반쯤 열어 강낭자를 돌아보며

"이 일을 어이 하리오?"

하니, 강낭자가 고운 자태에 화평한 얼굴로

"인간사 천 번의 즐거움도 한때의 즐거움만 못할 수 있으니 낭자가 소견대로 하소서."

하였다. 진낭자가 또한 정낭자를 보며

"정낭자 소견은 어떠하오?"

하니, 정낭자 또한 부끄러움을 머금고 촛불을 등지고 앉으며 말하기를,

"사람이 셋이면 두 사람의 말을 따르는 것이 좋다 하니 두 낭자 뜻대로 하옵소서."

하였다. 그리하여 진소저가,

"규중처녀로서 어찌 부모의 명을 기다리지 않고 임의로 처리하리오마는, 두 소저가 내게 미루고 말하지 아니하니 반드시 천생연분을 거역하지 못하겠구려."

하였다.

이날 밤에 부부夫婦의 뜻을 굳게 청할 때 선동이 무엇을 신물로 표할까 생각하다가, 진낭자에게는 자용검을 주고, 강낭자에

게는 비룡장을 주고, 정낭자에게는 풍운선을 주면서

"이것으로 부부의 믿음을 받들기 바라오."

하였다. 세 낭자도 공손히 받은 후에 각각 선물로 화답하였다.

진낭자는 한 자루 칼을 주며,

"이 칼은 옛날에 예양이 조양자[107]의 원수를 갚던 비수검이라. 낭군님은 가졌다가 낭목의 원수를 갚으소서."

하였다. 강낭자는 갑옷 한 벌을 주면서,

"이 갑옷은 우리 부친이 서역국을 쳐서 흉노를 베 죽이고 돌아오실 때에 가지고 오신 갑옷이라. 얽은 올은 명주 같고 부드럽기는 양호羊虎 가죽과 같고 주머니에 간직하여도 비좁지가 않으며 불에 들어도 타지 않고 물에 들어도 물이 묻지 아니하니 이름이 낭중갑옷이라. 낭군님은 가져다가 옥낭목의 원수를 갚으소서."

하였다. 정낭자는 철퇴를 주며,

"이 철퇴는 옛날 장자방이 박랑사에서 천하역사를 시켜 진시황[108]을 치던 철퇴이오니 낭군님은 이 철퇴를 가져다가 옥낭목

---

107) 예양豫讓·조양자趙襄子 : 예양은 춘추말 전국초기에 유명한 협객. 형가와 더불어 협객의 시초로 분류되는 인물. 조양자는 춘추시대 말기와 전국시대 초기의 제후로 이름은 조무휼趙無恤. 예양이란 협객이 늘 조양자를 살해하려고 하였음. 예양이 자기를 죽이려고 한다는 것을 알고 한 번은 "저 사람은 지기 주인에게 충성하는 것뿐이냐"라고 놓아주고, 두 번째 시도 때 예양이 그토록 자기를 죽이려고 하는 이유를 듣고는 눈물을 흘리면서 '예자'라고 칭찬하고는 자신의 옷을 내주어 대신 베도록 하였다.

108) 장량(字는 자방)의 사건. 장량이 창해역사라는 힘센 자를 시켜 진시황을

의 원수를 갚으소서."

하였다. 선동이 신이한 물건을 받은 후에 세 낭자에게 묻기를
"세 낭자의 나이는 얼마나 되었으며 무슨 일로 이곳에 세 명이 동거하고 있습니까?"

세 낭자가 각각 그 동안의 내용을 설명하였다. 진낭자가 먼저
"나이는 모두 십육 세 동갑이오. 첩의 부친은 정위 벼슬을 하시다가 옥낭목의 참소를 만나 수만 리 강호에 귀양을 가 계시니, 슬하에 다만 이 불초녀 나뿐인지라. 낭목의 원한을 어찌 갚으리오."

강낭자가 말하기를

"저의 부친은 도독 벼슬을 하시다가 낭목의 참소를 만나 수만 리 바다 가운데 갇혀 영영 돌아오지 못하게 되었습니다. 제가 아무것도 할 수 있는 일이 없어 권속들을 거느리고 찾아가 뵀더니, 부친이 전에 진정위 댁과 친하신 관계로 저를 이곳에 맡겨두었습니다. 이러니 어찌하여 낭목의 원수를 갚으리까?"

정낭자 또한 한숨을 지으며 눈물을 흘렸다.

"저의 경우는 더욱 참혹하여이다. 저의 부친은 숙록대부 벼슬

죽이려 하였다. 창해역사는 천근이나 되는 철퇴를 들고 진시황이 행차하는 길목에 숨어 있다가 진시황의 행렬이 나타나자 가장 화려한 수레를 공격하였는데, 진시황은 다른 수레에 타고 있었기에 죽음을 모면하였다. 이때 창해역사는 즉시 모래밭을 뚫고 삼십 리를 달아나 사라졌다고 한다. 또는 열흘 동안 붙잡히지 않았는데 결국 잡혔다고도 한다. 창해역사의 성은 여씨 혹은 박씨라고도 한다.

을 하시다가 옥낭목이 저의 부친의 강직함을 시기하여 황제에게 고하기를, '정숙록은 대인이라. 총하 땅의 수장首長으로 배수拜受하여 변방을 지키게 하옵소서.' 하니 황제께서 옳게 여겨 총하의 영수로 배수하셨습니다. 총하라고 하는 땅은 수로로 수천 리라. 부친이 가속들을 거느리고 총하로 갈 때, 낭목이 중도에 도적을 보내어 부친과 권속들을 물에 빠트리고 재물을 탈취하여 갔습니다. 그때 저는 하늘의 은혜로 물 밖에 자연 밀려 나와 살게 되었지요. 눈을 떠서 사방을 살펴보니 물결은 하늘에 닿은 듯한데, 부모님은 이미 물속의 고혼孤魂이 되었는지라. 망극하여 부모님을 부르면서 땅을 두드리며 종일토록 앉아 울었습니다. 그러나 돌아가신 부모님이 어이 올 것이며 어느 사람이 위로를 하겠습니까? 갈 곳을 알지 못하고 이리저리 흘러 다니다가 이곳에 이르러 지체하고 있으니, 어찌 낭목의 원수를 갚을 수 있겠습니까?"

세 소저의 말을 듣고 선동이

"우리 네 사람의 원수는 다 같은지라. 설마 하늘인들 무심하리오?"

하더라.

이윽고 계명성이 일어나며 인적이 왕래하는 기척이 있거늘, 선농이 세 낭자를 연연히 작별하고 외당에 나와 아침밥을 먹고 난 후에 하인을 불러

"떠나노라."

하니, 세 낭자가 나와 외당 문틈으로 가는 거동을 살펴보았다. 옥 같은 동자가 용총을 타고 가을바람을 날리며 채찍을 들고는 나는 새같이 희롱하며 가니 말굽에서는 모래와 돌들이 일어나 안개 같고 먼지는 뿌옇고 말갈기는 바람을 불어 구름을 흩어지게 하는 것 같았다. 서로 돌아보며

"얼굴을 보고 이름을 짓는다 하더니 과연 하늘나라 선동이로다."

하였다. 그러나 진정위 부인은 그 일을 모르고 선동이 가는 거동을 보고 탄식하며

"세상에 영걸스러운 준재俊才로다. 저러한 사람을 선택하여 나의 종신토록 해야 할 일을 부탁한다면 이제 죽어도 눈을 감으련마는, 어찌 세상사를 인력으로 하리오."

하더라.

이때 옥낭목이 나라의 권세를 잡아 천하를 흔드는지라. 황제께서 낭목을 북해왕으로 봉하셨는데, 낭목이 한갓 권세만 믿고 십 년 동안 조공을 올리지 않고 있는데도 조정에서 어느 신하가 감히 이를 말하는 자 없었다. 낭목이 모반을 할 뜻을 가지고 북흉노와 교통하여, 대국을 침범하려 흉노 장수들이 이르니, 막막한 강변에 구름이 이는 듯하였다. 호장인 굴동 삼형제는 범 같은 장수요, 그 조화는 헤아릴 수가 없으니, 세상에 누가 능히 당하리오? 그 나머지 장수들도 승리를 가늠할 수 없었다.

대장은 굴돌이요, 아장은 귀돌이요, 선봉장은 가돌이요, 중군장은 설몽이요, 수문장은 이형대요, 후군장은 마웅이요, 보졸장은 울덕이었다.

　이들이 영수領水를 속히 건너 대국 북쪽 영관에 다다르니, 깃발과 긴 창칼들은 일월日月을 희롱하고 각 함성은 천지를 진동시켰다. 북쪽 영관의 장수를 베고는 군량미와 군의 기물들을 탈취하여 원주에 이르렀다. 원주차사를 베고 원성을 함락하며 산해도에 웅거하여 의기양양하였다.

　이때 산해관 별장이 장계[109]를 황제에게 올렸다. 글을 급히 떼어보니

　'옥낭목이 북흉노와 교통하여 대국을 침범하여 변방의 삼주를 치고 삼천여 성을 함락하고 물밀듯 들어옵니다. 엎드려 원하니 황제는 급히 장수를 보내어 도적을 막으소서.'

하거늘, 황제가 글을 대하여 크게 놀라 세신世臣[110]을 모아 적을 몰아내고 대적할 의논을 했다. 이때 이미 옥낭목의 세력이 강하여 충신은 다 스스로 물러났고 소인들만 조정에 남아 있어, 옥낭목이 모반을 하였다는 말을 듣고는 혹 도망하거나 혹 병을 핑계하니 대적할 자가 없는지라. 마침내 황제 좌불안석하여 칼을 빼어들고 서안書案을 치며

---

109) 장계 : 임금에게 올리는 글.
110) 세신世臣 : 나라를 건국할 때 공을 세워 대대로 이어서 벼슬하는 공신들 내지 그 후손들을 말함.

"모든 신하 중에 옥낭목의 머리를 베어 짐의 근심을 덜게 한다면 강산을 나누리라"

하셨다. 좌장군 홍철이 나와 아뢰기를

"신이 비록 재주 없사오나, 만 명의 병사를 주시오면 낭목을 잡아 전하의 근심을 덜어 드릴까하나이다."

황제가 기뻐하며 오만五萬 병사를 더하여 주셨다.

그러나 홍철은 군사를 거느리고 산해관에 가서 낭목에게 항복하며

"신이 대왕의 대군행차를 기다렸더니, 황상皇上을 속이고 오만 군사를 더 얻어 왔습니다. 신의 재주 미약하나 대왕을 섬기어 큰 공을 이룰까 하나이다."

하거늘, 낭목이 홍철의 병마를 얻어 더욱 의기양양해 하며 즉시 행군을 강행하였다.

이들이 강릉에 이르니 강릉 태수가 또한 황제에게 장계를 올렸다. 황제가 즉시 떼어 보니,

'좌장군 홍철은 폐하를 속이옵고 오만 군사를 거느리고 낭목에게 갔사오니 형세가 급하옵니다. 엎드려 바라건대 황제께서는 급히 도적을 막으소서.'

하거늘, 황제가 보시고 크게 노하였다. 이로써 십만 대병을 거느려, 우장군 형덕으로 아장을 삼고, 정서장군 정위돌로 중장을 삼고, 하동태수 왕덕으로 보졸장을 삼고, 수문장 변숙으로 선봉장을 삼아, 외상에 유진留陣하고 적병을 대진對陣하여 이틀

날 아침에 대장군 깃발을 세웠다.

선봉장 변숙이 긴 창을 높이 들고 호진을 바라보며 말하기를,

"네 이 오랑캐 놈아! 낭목을 움직여 대국을 침범하니 어찌 천리天理가 무심하리요. 빨리 나와 대적하라."

하니 울덕이 맞받아 소리치며

"어린 아이 변숙은 어서 접전하되, 목을 들어 나의 칼을 받으라."

하며 달려들어 두 장수가 접전하니 변숙의 칼이 번듯하며 호장의 머리가 말 아래 떨어지는지라. 변숙이 창끝에 꿰어 들고 진중에서 왔다갔다하는데, 이때 호장 홍덕이 나와 대전對戰하고자 말을 채찍질하며 칼춤을 추는 듯 달려들었다. 수 십여 차례 부딪히다 호장의 칼이 번득하더니 변숙의 머리가 떨어졌다. 호장이 좌충우돌 돌진하는 태세로

"적국의 장수 몇이나 되느뇨? 모두 다 나와 대전하여 나의 용맹을 보라."

하거늘, 보졸장 왕덕이 분함을 이기지 못하여 대답도 아니 하고 이를 갈며 말을 달려 적장과 단신 접전하니 용맹과 날램은 비호와 같았다. 수십여 차례 승부를 결단치 못하다가 왕덕이 말 아래 떨어지니, 호장이 의기양양하여 그 기세를 당할 자가 없었다. 이때 우형덕이 말을 몰며 대전하려 하니, 황제가 우형덕의 손을 잡고

"짐이 군중에 믿는 장수가 그대뿐이니, 부디 삼가 조심하여,

적진을 파하고 짐의 근심을 덜게 하라."
하였다. 우형덕이 황제의 명을 받들어 말에 높이 앉아 호진을 향하여

"적장은 들으라. 너희들 무리가 노략질하는 것을 개와 쥐 무리의 도적질로 알고 있었다. 오늘날 이런 무리가 다시 범람하니 어찌 세상에 살려 두리오."
하며, 은빛 칼을 들어 호장을 베고 횡행하였다. 이에 다시 호장 설몽이 말을 달려 대전하니, 칼은 팔 척이요, 소리는 우레 같은지라. 수삼 번 앞뒤로 두 장군을 분별하지 못했더니, 또 금빛이 번쩍이며 우형덕의 머리 떨어지는지라. 호장이 승세하여 크게 소리치며

"적군의 장수 뉘 능히 나를 당하리오. 황제가 인자하지 못하여 천하 인심이 모두 북해왕 낭목에게 돌아가니, 이 모든 것이 하늘의 운수라. 황제는 천시天時를 어기지 말고 바삐 항복문서를 올리라."
하거늘, 그 남은 장수는 황황하여 나아갈 바를 알지 못하였다. 황제가 하늘을 우러러 탄식하며

"짐이 천명을 받아 종묘사직을 받았더니 혼망하고 어리석어 맡은 임무 충실하지 못하고 뭇 충신과 간신을 분별치 못하였다. 이제 낭목에게 끄달리는 신세 되었으니 어찌 절통치 아니하리오. 어느 신하가 낭목의 머리를 베어 짐의 근심을 덜어 주리오?"
하신대, 좌승상이 머리를 조아리며 엎드려 아뢰기를

"이보다 슬픈 국운이 또 없을 것입니다. 천시가 따르지 못한 것이니 백방으로 생각하여도, 교서를 적진에 보내고 낭목과 더불어 천하를 나누고 화친함만 같지 못할 것 같사옵니다."
하니, 황제가 마지못하여 교서를 낭목에게 전하였다. 낭목이 교서를 받아 보고서

"중원이 사직을 편안히 보유함은 다 과인의 덕이로소이다. 황제는 이제 모시는 자 없고 천하 인심이 다 과인에게 돌아옴이여! 이제 천명을 따르지 아니하리니 어찌 교서를 이행하리요."
하고, 승전고를 울리며 전쟁을 선포하니 황제가 어떻게 할 바를 몰라 땀이 나서 용포龍袍를 적셨다.

이때 선동이 황성으로 행하다가, 옥낭목이 모반하여 대국을 침범하고 지금 황제가 친히 병사를 일으키셨다는 말을 들었다. 대진을 찾아가 아날산 위에 올라 대국 진세陣勢와 적진을 바라보니 사세가 너무나 급하였다. 선동이 분기등등하여 오추마를 급히 타고 좌수에 철퇴를 들고 몸에는 낭중갑을 입고 우레 같은 소리를 천둥같이 내지르며 적진에 달려가니, 사방에서 돌이 날아가고 기치가 부러졌다. 선동이 동에 번쩍 서장西將을 베고 서에 번쩍 동장東將을 베고 남에 번쩍 북장北將을 베고 북에 번쩍 남장南將을 베며 좌충우돌하니, 적진의 장졸들이 눈을 뜨지 못하고 밟혀 죽는 자 부지기수라. 낭목과 북쪽 흉노가 크게 놀라

"장수가 몇이나 되는고? 동서남북 검을 휘두르는 것이 모두 금빛이로구나. 이 장수의 칼 쓰는 법은 하늘의 검은 구름 사이에 번쩍이는 번개 같은지라. 징을 쳐 퇴진하여 다음날 군사를 정비하여 다시 접전하리라."
하고 징을 쳤다.

선동이 대국진으로 돌아오니 황제께서 장대에 올라 선동이 싸우는 것을 보시고 크게 기뻐하며

"짐이 혼매하고 어두워 간신에게 속아 사직의 위태함이 경각에 있었는데, 밝은 하늘이 가르쳐서 난데없는 만고 명장名將을 보내어 위태함을 크게 변하게 하셨도다. 그 이치를 알지 못하겠구나. 장군은 필시 하늘에서 보낸 천신이요, 인간 장수가 아니로다."

못내 칭찬하시니 선동이 엎드려

"소신은 기주 권승상의 손자 선동이옵니다. 낭목의 화를 피하여 대인도 섬 중에 들어가 망명하옵다가, 낭목의 불공대천지원수를 갚고자 하여 왔더니, 황상의 형세가 가장 급하여 폐하의 명령을 기다리지 못하옵고 전쟁에 나가게 되었습니다. 하오니 죄를 청하옵나이다."

하니, 황제가 친히 당하에 내려와 선동을 영접하여 당상에 앉히고 손을 잡고 절절이 칭찬하며,

"장군을 오늘 이렇게 대하니 도리어 부끄럽도다. 이것이 다 짐의 허물이라. 하해 같은 도량으로 짐의 불민한 바를 다 잊어

버리고 힘을 다하여 대공을 이루게 하라."

하시고 대장들을 모아 선동으로 대원수를 봉했다.

이어 대장기를 쓰되 황금 대자大字로 '대국충신대원수 권선동'이라 하였더니, 호진의 장졸들이 대장기를 바라보고 낭목에게 고했다.

이에 낭목이 말하기를,

"선동이 아무리 재주 있다 한들 우리 대장 삼형제를 당하리오. 그러나 여러 장수들은 삼가 조심하라."

호장 가돌이 나아가며 낭목에게

"소장이 한번 부딪쳐 선동의 머리를 베어 대왕의 휘하에 바치리라."

하였다.

이로써 군중에 소리치며 땅을 수십 길 파고, 땔나무와 가시를 좌우에 쌓고, 화약 염초 세 무더기를 묻고, 동방기는 서방기에 응하고 남방기는 북방기에 응하여,

"내 거짓 패하여 돌아오면 선동이 따라올 것이니, 바야흐로 포가 울리는 소리에 맞춰 불을 지르라."

하였다. 가돌이 전장에 나와 횡행하며 소리치기를

"어린 선동아, 너는 어른을 맞아 호령을 하니 하룻강아지 맹호를 모르는 격이로다."

하거늘, 선동이 응하여 소리치며 말을 달려 나와

"오늘은 나의 재주를 시험하고자 하니 너의 장수 있는 대로

싸우자."

하며 두 장수 접전하니 두 마리의 호랑이가 함께 싸우는 형세라. 삼십여 합에 승부를 결단치 못하더니, 가돌이 거짓 패하여 호진으로 달아나거늘, 선동이 호진의 진영 기세를 잠깐 보니 주작기111)를 바람에 응하여 세웠으니 필연 불을 놓을 기미인지라. 그러나 선동의 갑옷은 불을 당하면 더욱 나래를 펼칠 수 있으니 어찌 불을 두려워 하리요?

선동이 거짓으로 가돌의 꾀에 속는 척하고 말을 달려 따라가니, 주작기가 변하여 백호기가 응하더니 방포일성이 일어나며 불꽃이 좌우에 일어나고 소리는 하늘이 무너지는 듯 땅이 뒤집히는 듯하였다. 그러나 선동이 불꽃이 일어나는 대로 바람이 부는 대로 몸을 날려 삼척장검과 오십 근 철퇴를 들고 좌우의 호장을 풀 베듯 베어 들어가니, 가돌이 넋을 잃고 갈 바를 알지 못하다가, 도로 불이 있는 쪽으로 달아나다가 그만 엎드러져 죽는지라. 선동이 의기양양하여 본진으로 돌아와 횡행하였다.

낭목이 선동의 재주를 보고 낙심하여

"선동은 필시 귀신이요, 사람이 아니로다. 불에도 죽지 아니하니 어찌하여 선동을 잡으리오."

하였다. 이때 귀돌이 가돌의 죽음을 듣고 분함을 이기지 못하여

"소장이 선동을 사로잡아 대왕의 근심을 덜고 또한 아우의

---

111) 주작기朱雀旗 : 붉은 새를 그린 군기. 남쪽에 세운다.

원수를 갚으리라."

하였다. 계교를 꾀하기를

"불에 임함은 물에 임하만 못하오니 오늘은 수전水戰으로 선동을 잡으리라."

하고, 즉시 전선戰船 수만 척을 위수渭水에 띄웠다. 귀돌이 남동 사구진112)으로 오행을 벌였는데, 전고를 올리며 운행하니 배는 천리에 떼를 지었고 창검戈劍은 일월을 희롱하여 나는 새라도 그 위를 날지 못할 듯하였다. 귀돌이 군중에 호령하여

"오늘은 진을 치되 고기가 노는 형상의 어유진이라. 선동과 함께 대진할 것이로다. 머리를 흔들면 꼬리로 응하고 꼬리를 흔들면 머리로 대응하여 일시에 에워싸면 잡으리라."

하고 접전하였다.

이때 선동이 만경창파에 한 조각배를 타고 적진을 향하여 들어가니, 적진 장졸이 바라보고 소리치며

"선동이 한갓 자신의 날램만 믿고 남의 대진에 일엽편주로 대진하니 어찌 가소롭지 아니하리오."

하며 백호기를 들어 현무기113)를 응하고 현무기를 들어 청룡기를 응하고 청룡기를 들어 주작기를 응하여 선동을 수십 여 겹으로 에워쌌다. 그러나 선동의 갑옷은 수중을 임의로 출입하는 갑옷이라. 선동이 거짓으로 탄식하여

---

112) 사구진 : 진법의 하나. 사구진蛇龜陣으로서 현무의 진법인 듯하다.
113) 현무기玄武旗 : 북쪽에 세운 검은 깃발.

"위로 쳐다보니 만 리 푸른 하늘이요. 아래로 내려다보니 만경창파요. 좌우를 둘러보니 기치창검이라. 어디로 가리오? 남에게 죽느니 차라리 자결함만 같지 못하다."

하고 물에 풍덩 빠지니, 귀돌이 크게 기뻐하며 기를 두르며 승전의 북을 울리며 소리치기를

"그러면 그렇지, 내 어찌 어린 선동을 칼날에 피를 묻혀 잡으리오."

하고, 자초지종 낭목에게 고하니 낭목이 돌아보며

"어허 신기하고 유쾌하도다. 이제는 구주강산이 다 나의 강산이요."

하는데, 갑자기 배가 뒤집어지며 물결이 출렁거리더니 배 한 채가 또 엎어지고, 또 물이 출렁하더니 또 한 채가 엎어져, 일시에 전선 수만 척이 거의 다 뒤집혀 물밑으로 들어가는데 돛대는 절구 방망이 접어지는 듯하고 와지끈 뚝딱 출렁 풍덩 하는 소리에 산천이 뒤눕는 듯하였다. 귀돌이 크게 놀라 군중에 급히 이르기를,

"이는 필시 선동이 죽은 귀신의 작란이라. 백마 피를 뿌리고 축귀경[114]을 외라."

하는데 갑자기 선동이 물 위에 다시 올라서며

"죽은 선동이 다시 살아 왔노라."

---

114) 축귀경逐鬼經 : 귀신을 쫓기 위해 읽는 경. 판수判首가 읽는 것으로, 흔히 〈옥추경〉을 읽는다.

하며 칼을 들어 마른하늘에 벼락을 치는 듯 쳐들어가니, 위수에 죽은 시신이 쌓여 물이 흐르지 못하고 피가 흘러 삼십 리나 뻗혀 있더라. 귀돌이 이를 보고 빨리 달아나려 하였으나, 선동이 뒤쫓아 철퇴로 치니 그 머리가 떨어지는지라. 선동이 칼춤을 추며 본진으로 돌아오니 황제가 선동의 손을 잡고

"원수元首의 재주는 측량치 못하리로다. 수화水火 가운데를 마음대로 횡행하니 어찌 세상 사람의 재주라 하리오?"
하시더라.

이에 낭목이 크게 놀라 가슴에 불이 붙는 듯하였다. 대장 굴돌을 불러

"우리 사생존망死生存亡이 장군에게 달렸으니 계교를 급히 생각하라. 적국 원수 선동의 재주는 만고에 측량하지 못할 재주로 귀신도 측량치 못할 자로다. 부디 삼가 조심하라."
하였다. 굴돌이 칼을 뽑아 소리치며 이를 갈면서 장담하여

"소장이 구름을 모아 공중에 유진留陣하고 선동을 잡을 것이니 대왕은 염려 마옵소서. 선동이 용맹은 많사오나 육지에서의 활약뿐입니다. 공중에 운진雲陣을 당하면 못에 든 고기요, 불에 든 나비라. 어찌 나를 당하리오."
하고 운진을 칠 때, 동방에 청운이 뜨고 서방에 백운이 뜨고 남방에 적운 뜨고 중천에 황운 뜨니 사방으로 구름이 뭉게뭉게 피어나서 긴 하늘을 덮는 것이었다. 일등 명장과 많은 강력한 병사들이 구름에 싸여 나는 새같이 훈련이 되어 선동을 불러

대전하자 하니, 선동이 응하여 대전을 하니, 날아오는 화살이 하늘 가운데서 비 오듯 하고 천지가 암암하여 지척을 분별하지 못하였다. 선동이 몸을 솟구쳐 구름을 헤치려 하나 몸에 날개가 없어 어찌 헤쳐나가리오? 오호라, 하늘을 우러러 탄식하기를
"부모의 원수를 갚고 국가를 안보할까 바랬더니 사세가 급박하구나."
하는데 날아오는 화살이 비 오듯 하는 곳에서 칼만 휘두르고 서 있었다.

이때 서주의 세 낭자가 낭군을 이별하고 주야로 소식을 기다리더니 몸이 곤하여 잠깐 졸았다. 비몽사몽간에 어떤 선관이 내려와서 이르되,
"선동이 경성에 올라가 낭목의 난을 당하여 대원수로 접전하다가 호장 굴돌의 운진에 싸여 거의 죽게 되었으니, 낭자들은 급히 갑옷을 입고, 자룡검과 비룡장과 풍운선으로 굴돌의 운진을 파하라."
하고 간 데 없거늘 깨어보니 꿈이었다. 세 낭자가 급히 갑옷으로 갈아입고 전쟁터로 향할 때, 세 갈래 길에서 갈 바를 알지 못해 하늘을 탄식하며
"규중처자로 살다보니 성문 밖을 나와 보지 않았으니 어디로 가야 전장인지 알리오?"
하였다. 서로 돌아보며 탄식하는데 문득 광풍이 일어나며 무슨

소리가 산악이 무너지는 듯하더니 난데없는 흰 호랑이 세 마리가 나와 길을 막고 앉았다. 호랑이가 꼬리로 땅을 치며 흙을 집어 흩으며 소리를 지르거늘, 낭자들 더욱 망극하여 그 범을 경계하여

"네가 비록 산중의 임금이라 하였으나 사람의 급한 사정을 알지 못하고 아무 이유 없이 해치고자 하는가?"
하니 그 범이 고개를 좌우로 흔들었다.
"영감한 짐승이라 우리를 위하여 타라 하느냐?"
하니 범이 고개를 들어 응하는 듯하였다. 세 낭자가 범의 등에 올라앉아 보니 이는 비호라. 순식간에 어디가 어디인지 알지 못할 정도로 쏜살같이 달렸다.

마침 바라보니 운무雲霧 자욱한데 한 장수가 경황없이 서있거늘 살펴보니 권원수라. 백호가 산악이 무너지듯이 소리 지르며 진중으로 뛰어 들어갔다.

이때 원수가 구름같이 일어난 먼지에 싸여 지척을 분별치 못하다가, 창졸간에 바라보니 난데없는 세 장수가 백호를 타고 나는 듯이 오는지라. 그 장수 얼굴은 형산의 백옥 같고 날램은 나는 새 같았다. 원수가 이를 호장으로 여겨 더욱 황급하게 여길 적에, 정낭자가 풍운선으로 운진을 헤치고 진낭자는 자룡검으로 풀을 베듯 쳐들어가니, 구름처럼 진을 친 장졸들이 추풍낙엽같이 공중에서 떨어졌다. 목 부러져 죽거나 허리가 부러져 죽거나 하니 백일창천에 남은 군사가 없는지라. 호장 굴돌이

황황급급하여 달아나다가 돌아보니 한 장수가 비호를 타고 쫓아오는지라. 굴돌이 팔 밑에 날개가 돋아 있어 공중으로 날아 도망하는데 강낭자가 비룡장을 타고 쫓아갔다. 굴돌이 돌아보니 한 장수가 나는 용을 타고 따라오거늘, 굴돌이 탄식하며

"우리 삼형제가 신통한 기술을 배워 낭목의 편에서 입공 양명하려 했더니 십년공부가 허사로다."

말을 마치지 못하여 자룡검이 번듯하며 굴돌의 머리 공중에서 떨어졌다.

세 낭자는 운진을 파한 후에 권원수를 돌아보지도 아니하고 집으로 돌아왔다. 이때 원수가 속으로 의아해하다가 서주 세 낭자임을 알았으나, 보는 사람은 모두 원수가 신장神將의 기술을 부린 줄 알고 원수의 재주를 측량치 못했다.

이로써 호장 굴돌이 죽었으니 대적할 자 있으리오. 원수가 칼춤을 추며

"역적 낭목과 개 같은 흉노는 빨리 목을 내어라"

하니 호진이 황급하여 어떻게 할 줄 모르다가 한 가지 묘책을 생각하였다. 낭목을 결박하여 황제께 바치면 행여 살아나 돌아갈까 하여, 북흉노들이 즉시 군중을 호령하여 낭목을 결박하여 수레에 싣고는 항서를 올리며 사죄하기를,

"신들이 낭목에게 속아 황상의 위엄을 범하였사오니, 죄를 사하여 빌 곳이 없습니다만, 남아 있는 목숨이나마 보존하여 고국에 돌아가기를 만분지일이라도 바라나이다."

하였다. 이때 황제가 원수의 손을 잡고

"원수는 낭목의 불공대천지수不共戴天之讐를 자단自斷115)하여 처치하라."

하셨다.

원수가 승전고를 울리며 좌우 모든 제장 군졸을 벌려 세웠다. 흉노에게는 해마다 비단 석 동씩 받게 하여 놓아 보내고, 낭목을 잡아내어 꿇려 앉히고는

"흉악한 낭목아, 네 죄를 네 아느냐?"

하고 군중에 명하여,

"말꼬리에 낭목의 목을 잘라 매달아서 성 남쪽 저자에 몰고 나가라. 그리고 저자 백성들이 묻거든, '만백성들아 들으라. 너희들을 도탄 중에 들게 한 것은 낭목의 꾀였도다. 어화! 우리 백성들아, 각각 낭목에게 원수를 갚으라'라고 하라"

하였다. 도성 남북 사방에서 백성들이 이 명령을 듣고 춤을 추며 일시에 달려들어 하는 말이

"대역무도한 낭목아, 우리 백성의 피를 빨아 너의 살을 찌우고 뼈가 굵었구나. 오늘은 밝은 하늘에 일러 우리 어진 원수님의 덕택으로 너를 잡았으니 원수를 갚으리라."

하고, 다 각각 낭목에게 달려들어 살을 한 점씩 베어가며 형을 거행하였다.

---

115) 자단自斷 : 어떤 일에 대해 조치하기를 관련자가 스스로 함.

이때 황제가 궁으로 돌아와 낭목의 유족을 멸하시고, 태평연을 베풀고 대소간 제신諸臣을 모아 권원수의 공을 의논 하였다.
권원수를 대인도왕으로 봉하시고 십년조공을 삭감하시고 원수의 부친을 위국공 승상으로 봉하니, 원수가 엎드려 말하기를,
"소신의 조그마한 공으로 폐하의 전교로 이렇게 중임을 맡기시니 어찌 감당하리까? 신의 뜻은 황상을 곁에서 모시는 신하가 되기가 원이로소이다. 황상께서 연소한 저에게 대원수의 중임을 주시옵기로 천은天恩을 힘입었사오니 천은을 만분의 일이나마 갚기를 바라나이다.
하였다. 그러나 황제가 원수의 손을 잡고,
"국법은 고치지 못하니 원수는 사양치 말고 급히 가서 백성을 안보하라."
하시며 용포옥대를 하사하셨다.
십리 밖에 나와 이별하니 만조백관과 제장 군졸이 차례로 하직 인사를 하였다.
원수가 제장 삼십 명의 인원을 데리고 청양산의 어머니 산소로 묘묘問墓를 가는데, 각읍 자사와 수령이 경계에서 크게 맞이하고 전송하는 등, 그 예절은 비할 데가 없었다. 기주자사가 선동을 보고 크게 놀라 제물과 향촉을 가지고 청양산 낭자의 묘 아래에서 기다리고 있었다. 원수가 제문을 지어 모친의 묘 앞에 아뢰어 읽었다.

'유세차 기축년 신축 팔월 정사 십칠일에 어머님의 사랑하는 자식 선동은 감히 고하며 우현116) 지하에 계시는 영령 어머니께 아뢰옵나이다. 소자는 오 세에 모친을 이별하옵고 부친을 따라와서 조부님 양위를 뵈옵고 외조부 양위 전에 모친께 편지를 올려 사연을 고하였습니다. 그리고 양위를 모셔 대인도로 들어가 옥낭목의 불공대천지원수를 갚고자 이어 병서를 배워, 황성 가는 길에 이곳을 찾아 와서 어머님 묘전에 밤을 지낼 때, 몽중에 어머님이 오셔서 거문고를 주시며 서주 월성촌을 찾아가서 세 선녀를 찾아 인연을 맺고 가라 하신 유훈을 듣고 길을 떠나, 장릉 못가에서 천리마 준총을 얻고 월성촌을 찾아가 세 선녀를 만나 인연을 맺고, 경성에 올라가 낭목을 잡아 사지를 분열分裂하여 원수를 갚았사오니 이제 죽어도 여한이 없거니와, 다만 지극한 원한과 가긍한 정경은 모친을 다시 만나 뵈옵기를 천만무궁 바라옵나이다.'

하며, 묘 앞에 엎드려 대성통곡하였다. 애절히 우는 모습에 하늘도 감동하였는지, 갑자기 문득 천지가 진동하며 분묘가 한 발이나 갈라졌다. 그 속에서 낭자가 육신으로 자다가 일어난 듯이 일어나 앉아 선동의 손을 잡고

"선동아, 선농아, 울지 말고 나를 자세히 보아라. 너의 어미

---

116) 우현 : 자기가 서 있는 곳을 좌현이라 하고 산소가 있는 자리를 우현이라 함.

모습이 확실한가. 너를 다섯 살에 이별하고 이제야 대면하니 어찌 알았으리오?"

선동이 자세히 살펴보니 천상에서 보던 모친이 확실한지라. 선동이 기절하였다가 모친을 붙들고

"어머님은 어이 그리 돌아오심이 더딥니까? 귀신입니까, 사람이십니까? 이것이 생시입니까, 꿈입니까?"

하니 낭자가

"선동아, 너무 과하게 슬퍼 마라. 행장을 차려서 이제 가자. 천명을 받았으니 남은 평생이 정해졌도다. 또 이별할까 염려 말고 어서 급히 가자꾸나. 유정한 너의 부친 섭섭하게 이별한 후에 원망과 한이 어떠했겠느냐. 어서 급히 가서 상봉하고 만단 정회를 풀어보자."

선동이 모친을 다시 만나 이런 말씀을 들으니 천상에 오른 듯하였다. 급히 행장을 꾸려 타고 갈 가마와 말 등을 대령하여 어머니를 태워 출발하니, 자사와 수령이 영송 접대하면서도 그 사연은 자세히 알지 못하더라. 선동이 모친에게 고하여

"우리 모자 갈 길이 바쁘거니와 대인도에 들어가면 중원 땅이 수만 리라 가서 돌아오기 어려우니, 서주의 세 낭자에게 비룡장과 자룡검과 풍운선을 준 것은 어찌할까요?"

하니, 부인이 깨닫고 말하시기를

"나 또한 그런 뜻이 있었도다. 익주 땅의 장시랑은 나의 외숙이라. 그리로 가서 주선하여 성례成禮를 올리고 세 낭자와 더불

어 대인도로 들어가리라."

하고, 익주로 찾아가 외삼촌을 뵈었다.

 선동이 그 동안의 일을 대충 말씀드리니 외숙이 그 말을 믿지 못하며 의혹해 하는지라. 부인이 사세곡절을 자세히 설화하니 외숙이

"너의 일은 만고에 처음 듣는 일이로다."

하며 반겼다. 선동이 편지를 써서 심부름꾼에게 서주 월성촌 진정위 댁으로 보냈다.

 이때 서주의 세 낭자가 갑옷을 입고 집으로 돌아와서 전일의 소식을 날로 고대했더니, 문득 사자가 와서 편지를 올리거늘 급히 떼어보니

 '권선동은 삼가 조심하고 세 낭자의 좌하에 무궁한 절을 올리나이다. 거문고로 서로 꽃 같은 노래 함께 하고는 하룻밤 만나고 난 뒤 이별하여, 경성에 올라가서 옥낭목의 난을 만나 대원수大元帥 되어 접전하다가 호자 울덕의 운진에 싸여 거의 죽게 되었더니, 세 낭자가 와서 구원함을 입고 살아났습니다. 나는 이미 세 낭자가 와서 도와주실 것을 알았거니와 타인이야 뉘가 알겠습니까? 그러므로 나의 공로가 더욱 빛이 났으니 어찌 장하지 아니하며, 옥낭목을 베어 죽여 우리 부모의 원수를 갚았사오니 어찌 상쾌하지 아니하리오. 더욱이 황제께서 호진을 멸하고

옥낭목을 벤 공으로 대인도왕을 봉하시니 천은이 망극한지라. 또한 청양산 어머님 분묘에 가서 예를 고할 때, 천둥번개가 일어나며 분묘가 갈라져 모친을 생시와 같이 육신으로 만났으니 이렇게 즐거운 일이 어디 또 있으리오. 또한 돌아가서 육례를 차려 서로 만나면 영화가 될 줄 알거니와, 본인은 대인도 사람이라 중원이 수만 리나 되니 어찌 총총한 안부를 다하오리까. 잠깐 생각하건대 이곳에서 모친을 모시고 날을 택일하오니 금월 십구 일이라. 낭자는 섭섭다 생각지 마옵고 이 편지를 본 후에 차례로 주선하여 옥 같은 아름다운 모습을 상봉케 하소서.'

라 하였다. 세 낭자가 이 편지를 받아보고 기뻐하며
"대인도의 왕이 되었으니 영화가 비할 데 없을 것이고, 또한 황천에 돌아가신 어머님을 다시 만났으니 이런 즐거운 일이 또 있으리오?"
하며 편지를 진정위 부인에게 올리니 부인이 편지를 보시고 사위를 생각하니 즐거움을 헤아리지 못하더라. 즉시 노비에게 명하여 잔치를 차렸다.

이때 선동이 자초지종을 황제에게 급히 아뢰어, 모친을 만난 사연과 서주 월성촌 진정위 댁 낭자와 강도독 댁 낭자와 정숙녹 댁 낭자를 취하여 모월모일에 성례를 올리는 사연을 낱낱이 고하였다.

황제가 보시고 칭찬을 아끼지 않더니, 이어 권원수의 모친은 정열부인으로 봉하시고 서주의 세 낭자로는 정열왕비를 봉하여, 급히 사자를 보내고 금은 오백 냥과 주옥보화를 많이 하사하셨다.

이때 부인과 대인도왕이 혼인절차를 의논하는데, 문득 사자가 와서 황제께서 칭찬하신 글과 조칙을 올리거늘, 북향사배北向四拜하고 떼어 보았다. 이때 서주 세 낭자도 함께 혼인 일을 의논하고 있었더니, 황성에서 사자가 내려와 직첩을 올리거늘 받아보니,

'삼낭자로 정열왕비를 봉하고 직첩과 금은 포백을 하사하며 정위부인 삼낭자 좌전에 올리노라.'

하였거늘, 부인과 세 낭자가 아래로 내려와 황궁을 향하여 네 번 절하고 황제의 안녕을 축수하였다.

시간이 지나 혼인일이 당도하였다. 선동이 행교를 갖추어 금덩과 화덩117)을 전후에 내려 세우고, 장시랑은 상빈上賓이 되고, 제장 군졸이 주위로 옹위하고 각읍 수령은 하객이 되어 구름처럼 몰려드니, 그 장관은 헤아릴 수가 없었다. 잠깐 새 성례를 지든 후에 교배석에 들어가 가례를 읽을 때, 세 낭자가

---

117) 각주 39) 참조. 화덩花얭은 꽃으로 꾸민 덩.

녹의홍상 일색으로 단장하고 예석에 들어가 예를 행하니, 구경하는 사람이 서로 보며

"한 신랑에 세 신부가 동석에 대례하는 건 난생 처음 보는 일이로다. 진정위 댁 부인이 자식 없어 한탄하더니 오늘 사위를 보니 영화가 극진하도다."

하였다.

음악과 춤으로 함께 흥을 내고 예를 마친 후에 동방화촉 돌아들어 그간에 그리던 정회를 설화하니 즐거움을 어찌 다 측량하리오. 타인이야 그 중간 사를 더욱 어찌 알리오?

사흘을 지낸 후에 선동이 가정의 보물들을 촌인에게 팔아 정리하고, 부인과 세 낭자를 한 마음으로 뫼시고 익주로 돌아왔다. 왕이 부인을 뵈니 그 즐거움을 어찌 다 말하리오. 또 세 낭자가 함께 가지런히 당하에 내려가 부인에게 공손히 하례하니, 부인이 세 낭자를 불러 손을 잡고 못내 기뻐하셨다. 또한 진정위 부인을 만나보고 서로 예를 다하고 여러 날 머문 후에, 행교를 갖추고 길을 떠나며 부인과 왕이 모두와 이별할 때 금은 등의 기물을 주면서

"객이 되어 폐를 많이 끼쳤사옵니다. 이로 인해 정을 표합니다."

하니, 진정위 부인과 시비 모두가 치하를 무수히 하였다.

연연이 작별하고 길을 떠날 때, 정열부인은 금덩을 타고, 세 왕비는 옥덩을 타고, 제장 삼십여 명은 말을 타고, 군졸 백여

명은 깃발에 창검을 들고 전후에 옹위하여, 풍악을 울리며 행군하니 그 장함은 측량치 못할 정도였다.

수 개월 만에 대해를 건너 본국에 돌아오니 도중의 백성들이 뉘 아니 반기리오. 왕이 먼저 들어가 숭상과 국사를 뵈는데, 이어서 부인이 금덩에서 내려 안으로 들어가 국사의 손을 잡고 반겨하니, 국사가 낭자를 보고 정신이 없어 마치 등신같이 앉아만 있었다.

낭자가 이르기를

"낭군님은 정신을 진정하옵소서. 강남 악양루에서 상봉한 후로 오늘 이렇게 만나니 어찌 반갑지 아니하겠습니까?"

국사가 그제야 낭자의 손을 잡고

"육신이 왔나이까? 죽은 귀신이 왔나이까? 악양루에서 연연이 이별하고 오늘 만나게 되니 어찌 알리오? 그간 일은 꿈만 같은지라."

하니, 낭자가

"낭군님은 쉬 죽어 작별할까 염려 말고 정신을 차리옵소서. 상제 전에 생전에 남은 명을 받았사오니 우리의 정은 끝나지 아니하오리다. 또한 다름이 아니오라 선동이 출세하여 옥낭목을 잡아 원수를 갚고, 호장 굴돌 삼형제를 베어 황상의 사직을 안보하고, 흉노를 항복 받아 천하를 평정하고, 황제께서 그 공으로 선동을 대인도 왕을 봉하사, 내려오는 길에 나의 묘소에 찾아와 고유告由하였습니다. 또한 서주 월성촌 진정위 댁에서 진낭자와 강낭자와 정낭자와 더불어 인연을 맺어 성례를 치르고 함께 왔으니, 구부지례舅婦之禮를 받으소서."
하였다.
 이윽고 부인이 내당에 들어가 승상 양위전兩位前에 통곡하니, 승상과 부인이 낭자를 보고 실로 꿈만 같은지라. 아무 말도 못하시고 앉았더라.
 낭자가 이승상 양위께 뵈옵고,
"아버님, 어머님, 불효한 여식인 죽은 춘화가 다시 살아 왔나이다."
하며 붙들고 통곡하니, 승상과 장부인이 이 말을 듣고 총망지간에 혼을 잃어 실성한 사람 같았다. 낭자가 위로하며
"부모님을 생전에 서로 의지할 것이니 너무 심히 슬퍼 마옵소서. 남은 사연은 남은 날이 무궁하오니 차차 고하오리다."
하고 물러나왔다. 이어 세 낭자로 하여금 시조부모님 양위전에 공손히 절하게 하였다. 승상과 부인이 서로 사랑함을 이기지 못하더라. 또한 세 낭자가 물러 나와 시부모전에 절하니, 국사가 삼낭자를 보고 사랑스러워하며
"너희들 다 원로에 무사히 왔구나."
하시더라.
 선동이 국사전에 들어가 황제께서 대인도왕으로 봉하신 사연과, 부친을 승상에 봉하신 교지와 모친을 정열부인으로 봉하신 직첩과 세 낭자를 정열왕비로 봉하신 직첩을 함께 올리며

전후 아뢰었다. 국사가 황은을 못내 축수하며 선동을 더욱 사랑하더라.

이에 대인도 왕위를 양위하여 각도 각읍에 횡관하며 다스리니, 강구년월미복시康衢煙月微服時[118]라. 백성이 평안하여 송덕을 일삼았다.

그렇게 십 년이 지나갔다. 권승상이 우연히 병을 얻어 별세하시니 국사와 부인이 애통해 하며 서릉에 안장하였다. 또 이승상 양위가 우연히 기체가 편안치 못하다가 한 날에 돌아가시니 부인이 애통해 하며 왕도 슬퍼하며 월학산에 안장하였다.

세월이 흘러 또 오 년이 지났다. 익중과 부인의 연세가 구십이라. 하루는 몸이 불편하다가 또 같은 날 돌아가시니, 왕이 하늘이 무너지는 듯 통곡하고 세 왕비와 궁중의 시비들이 모두 통곡하였다. 날을 택하여 오로봉 자좌오향[119]에 내외를 합장하였다.

이때 진씨에게 이남일녀를 두고 강씨에게 삼남 일녀를 두고

---

118) 강구연월미복시康衢煙月微服時 : 강구연월이란 번화한 거리에 달빛이 연기로 인해 은은하게 비치는 모습, 태평성대의 풍요로운 풍경을 묘사하였으며 이러한 거리를 임금이 미복 차림으로 다니며 백성의 고락을 살피고 함께 한다는 말. 중국 요 임금 시대에 백성들이 태평성대를 노래한 동요 강구요康衢謠에서 유래했다.
119) 자좌오향子坐午向 : 묏자리나 집터 따위가 자방子方을 등지고 오방午方을 바라보는 방향. 정북正北방향을 등지고 정남향을 바라보는 방향을 말함.

정씨에게 이남 삼녀를 두었으니 모두 칠자 오녀였다. 장남 춘도를 세자에 책봉하였다.

이때 국사와 낭자가 죽어 천상에 올라가서는 다시 선관과 선녀가 되었다. 상제를 뵈니 상제께서 보시고는

"그대들은 선관 선녀로 맺어져 그 인연의 업보를 깨끗이 지우라고 인간 세상에 내려 보내어 고생을 하게 했으니, 이제 그런 허물이 없게 하리라."

하시더라.

-(종)-

III. 〈권익중실긔〉 원문[120]

P.2

화셜 디명 년간에 일워 재상이 잇스이 셩은 권이요 명은 양옥이라 디디명문 거죡으로 일즉이 쳥운의 올나 벼살이 승상에 이르러더이 이 때 조강이 날노 문란ᄒ야 간신이 룽권학고 충신은 은퇴ᄒ는지라 승상이 벼살을 ᄒ직ᄒ고 고향에 도라와 달아래 고기낙기와 초야에 밧갈길노 세월을 보내기 사무ᄒ신일너라 년 만사십에 슬ᄒ의 일졈 혈육이업셔 매양 슬어허더이 일일은 부인이 승상제고ᄒ여 왈

P.3

쳡이 듯사온즉 화산 쳔불암에 부쳐님이 지극히 신령ᄒ사 졍셩을 극진이ᄒ오면 무즛한 사람이 알달을 ᄂ는다ᄒ오이 우리도 그곳에 가셔 졍셩이나 드려보사이다 승상이 탄식왈 졍셩을 드려 즈식을 볼 것 갓호면 세상의 무즛한 사람이 어디잇스리오 부인왈 옛글에 운ᄒ되 지셩이면 감턴이라 ᄒ예사오이 우리도 한번가셔 졍셩것 빌어 보사이다 승상이 부인에 졍셩

P.4

을 감동ᄒ야 슴일 목욧 재게ᄒ고 향화을 준비ᄒ야 쳘불압올

---

120) 작자미상, 「권익중실긔」, 『김광순소장본한국고소설전집』 30권, 경인문화사, 1994. pp.2~169

나가서 백일긔 기도ᄒᆞ고 나려와셔 잇더이 일일은 춘풍이 화창
한듸 백화쟁열 ᄒᆞ는지라 춘흥을 못이겨 죽장망혜료 강산풍경을
구경ᄒᆞ더이 운연히 몸이 피곤ᄒᆞ야 녹음을 가리여 떠려진 꼿을
이웃ᄒᆞ고 방초료 ᄌᆞ리ᄒᆞ고 석두로 버개ᄒᆞ고 잠간 조우더이 비
몽사몽간에 공중으로 오운이 영농ᄒᆞ고 옥저소래들이거늘 ᄌᆞ세
히 살펴보이 엇더한 동ᄌᆞ 백학을 타고 나려와 공

P.5
순히 배례ᄒᆞ고 구실 한개를 죽며왈 소ᄌᆞ는 천불암 부처님의
제ᄌᆞ옵더이 부처님의 명령을 밧ᄌᆞ와 구실 한 개를 젼ᄒᆞ오이
권씨댁 무가보주라 바더쇼셔 ᄒᆞ거 날 바다품에 품고 매다르이
나가일몽이라 집으로 도라와서 부인과 몽사를 설화ᄒᆞ고 길거ᄒᆞ
더이 그달부터 태기잇서 십삭만에 해산ᄒᆞ이 활달한 기남아라
일흠은 익중이라 ᄒᆞ고 ᄌᆞ는 봉조라ᄒᆞ야 승상과 부인의 길거함
이 비할듸 잇스리오 철세에 입학ᄒᆞ이 재조는 문일지십이라 차
차ᄌᆞ라 겨우

P.6
십오세에 이르러 사서습경과 백가제셜를 무불통지ᄒᆞ고 얼골은
신평이오 풍채는 두목지요 문장은 리태백이요 필법은 왕회지라
일일은 익중이 승상의게 고왈 소ᄌᆞ의 나이 십오세 되도록 산중
에 ᄌᆞ라나서 세상후박과 인심촌탁을 아지 못ᄒᆞ오이 한번 나가
산천험악과 누듸절승을 구경코저 ᄒᆞ나이다 넷날 사마쳔은 이십

세에 강호에 놀아 문장일홈을 세상에 젼ᄒ오이 소ᄌ 비록 재조 천박ᄒ며 나히 이십이 차지 못ᄒ얏사오나 감히 사마쳔을 본밧고져ᄒ

P.7

나이다 ᄒ거늘 승상이 기특이 녁여 슈개월 휴가를 허락ᄒ신ᄃᆡ 익중이 길일을 택ᄒ야 부모의게 ᄒ직ᄒ고 죽장망혜로 길을 떠나 명산 ᄃᆡ쳔과 누ᄃᆡ 졀승을 곳곳이 구경ᄒ더이 일일은 엇더한 마을에다다르이 리화도화 만발한ᄃᆡ 녹죽장송 울밀ᄒ고 양류화풍 빗ᄂᆞᆫ곳에 고루거각이 질비ᄒ거늘 동구에 드러서 촌인의게 무러가로ᄃᆡ 이촌명은 무엇이며 져기보이는 집은 뉘댁이신가 촌인왈 촌명은 농임촌이요 져집은 리승상댁이라 ᄒ거늘 또문왈 리승상

P.8

의 존호는 무엇이며 ᄌᆞ질도 몃치나 잇나요 촌인이 답왈 명함응 과진이요 년세는 오십이 넘엇스되 실ᄒ에 아달은 두지 못ᄒ고 다만 한딸을 두엇스이 년광은 십이세요 녀공재덕은 옛날 태사의유풍이라 구구갈구봉상이요 빈풍칠월소견녀도 밋지 못ᄒ는지라 어진 가문에 짝을 구ᄒ려ᄒ고 통개중문ᄒ고 소빈 여객을 착실히 ᄃᆡ섭ᄒ오이 수재도 배운 재조가 잇삽거든 한번차지라 ᄒ거늘 익중이 내심으헤오되 이승상이라 ᄒ이 필연 우리부친과 한 도정에서 벼살을 ᄒ엿

P.9

슬지라 한번 차져봄도 무방ᄒ다ᄒ고 의죠를 정제ᄒ고 문밧게 이르러 ᄒ인을 불려 통ᄒ라 ᄒ고 안연이 들어가이 승상이 당상에 안잣거늘 올나가 공순이 졀ᄒ고 안지이릿 승상이 물어가로ᄃᆡ 너는 어ᄃᆡ잇스며 엇더한 아해건ᄃᆡ 이래 단이나냐 ᄒ시거늘 익중이 다시 이러나 졀ᄒ고 ᄃᆡ왈 소ᄌᆞ는 기주땅에 사옵고 성은 권이오 명은 익중이옵고 나희는 심오세로소이다 권승상은 소ᄌᆞ의 이로소이다 ᄒ

P.10

거늘 리승상이 익중의 손을 잡고왈 너의 부친은 나와 죽마고우라 한가지로 승상벼살을 ᄒ다가 간신의 참소를 피ᄒ야 고향으로 각각 나려온 후로 그간 소식을 아지 못ᄒ엿더이 뜻바게 오날 너를 만나이 너의 부친 얼골을 ᄃᆡ한듯ᄒ여 반가운 마음이 측양 업다 네가 이고에옵은 엇진 일고 ᄒ거늘 익중이 ᄃᆡ왈 소ᄌᆞ 잇는 곳은 심심한 산곡이옵고 견문이 고루 ᄒ옵기로 산외에 나와 인심 귀쳔과 산수졀승지지를 구경코저 ᄒ나이다 ᄒ거늘 리승상이 기특히 녀겨왈

P.11

옛날 사마쳔이는 이십세에 강호에 노랏다 ᄒ더이 너는 십오세에 강호에노이 사마쳔이 보다 낫도다 그러면 집에 유련ᄒ여 학문이나 의논ᄒ고 나의 고적한 회포를 덜게ᄒ라 ᄒ시거늘 익

중이 쳥명ᄒ고 셕반 후에 승상을 뫼시고 고금흥망셩쇠를 의론
ᄒ다가 승상이 피곤ᄒ야 조으는지라 이때 인 젹젹한디 월색은
쳥명ᄒ고 쳥풍은 호탕ᄒ여 객회를 익이지 못ᄒ여 밧게나와 두
루 배회 ᄒ다가 한곳에 다다르이 초옥 슈간 지엇

P.12

스되 초당 압헤 련못잇고 련못우에 셕가산이 모와잇고 사면회
기 빗단곳에 온갓화 만발한디 엇더한 낭ᄌ ᄌ가지를 터려잡고
ᄌ는 봉졉을 떨쳐 풍월옵는 소래는 산호채로 옥쟁반을 매치는
듯 ᄒ더라 ᄌ셰히 살펴보이 츈풍슴월 해당화가 이슬을 먹음은
듯 창명한 새벽달이 흔백을 일헛는듯 무산션녀 구름타고 양태
산에 나려온 듯 양태진이 화관쓰고 슘츈에 넘노는듯 연연한태
도와 단아 ᄒ거동은 장부의 간

P.13

장을 츤츤히 히는 듯 한지라 익즁이 한번 보매 졍신이 어지럽고
안정이 히미ᄒ며 해동쳥보태매가 츈산에 에치 찾는듯 츈풍에
에고리가 가가지의 나비를 좃는듯 ᄒ여 잡고져 십헛스나 양반
의 도리에 올치 못한고로 외당에 도라와 누엇스이 몽즁에 만나
본듯 잠을 일우지 못ᄒ이 내렴에 핑경병이 날듯 ᄒ여 명일이면
집으로 도라가리라ᄒ고 남새기을 기다리더이 마참 계명성이
일어나며 동방이 밝아오거늘 이러나셔 셰수ᄒ고 조반을 먹은
후에

P.14

승상의게 ᄒ직을 고한ᄃᆡ 승상이 왈 친구 ᄌ식과 나의 ᄌ식이 다름이 업는지라 여러날 유련ᄒ여 나의 고적한 회포을 덜덜ᄒ엿더이 부형의 친구 뜻을 이다지 저바리나냐 ᄒ시며 보내기를 실혀ᄒ시거늘 익중이 꾸러안저 다시 엿ᄌ오되 옛글에 ᄒ엿스되 부모 잇는 사람은 유필유방이요 불원유라 ᄒ옵고 또한 부친의 명령ᄒ신 기일을 머지안이 ᄒ옵기로 가고저 ᄒ나이다 한ᄃᆡ 승상이 부득이 다시 말유치못ᄒ고 왈 그러할진ᄃᆡ 도라가 너의 부친의게 안부나 ᄌ세히 고ᄒ라ᄒ거늘 익중

P.15

이 사비ᄒ고 떠나 여러 날 만에 집으로 도라와 승상과 부인의게 뵈옵고 산천풍경과 인심 후박과 글 지은거와 일기를 적어드리고 리승상 과진찌의 얀부함을 고ᄒ이 승상과 부인이 길거ᄒ시더라 익중이 유산 구경ᄒ고 도라온 후로는 점점 얼골이 수척ᄒ고 음식을 먹지 못한거늘 승상과 부인이 혹 노독이나 낫는가 ᄒ야 의약을 만히 쓰되 백약이 무효 ᄒ고 저점병이 골수에 깁혀저서 이지 못ᄒ는지라 일일은 승상과 부인이 익중의 손을 잡고 백수에 눈물을 금치 못ᄒ며왈 무매독ᄌ 너를 두고 우리 후사를 이어 조상때 불효

P.16

막ᄃᆡ 지죄를 면할가 ᄒ엿더이 너의 병세 극중사이 심중 소회를

ㅎ면 뼈를 갈고 혀를 끈어도 너의 소원디로 ᄒ리라 ᄒ시거늘 익즁이정신을 가다듬어 일어 안ᄌ 셩음을 겨우 통ᄒ야 엿ᄌ오디 소ᄌ 불효 막디ᄒ오이 죽기를 당ᄒ야 무ᄉᆷ 말ᄉᆷ을 못ᄒ오릿가 월젼에 유산구경 갓슬 때에 죵임촌 리승상댁에 갓사옵더이 객회를 이기지 못ᄒ와 월색을 따라 매닷지 못ᄒ고 후원 별당 압헤 이르러 승상댁 낭ᄌ를 보고 도라온 후로 오매불망 ᄒ야 병이 되얏나이다 ᄒ고 이불을 무릅쓰고 눕거늘 승상이 그제야 병세를 알

P.17
고 의약을 물이치고왈 리승상 과진씨는 우리와 지체가 합당ᄒ고 또 죽마고우라 쳥혼ᄒ면 허락할것이이 염려 말고 음식을 ᄌ조먹어라 ᄒ고 즉시 행장을 차려 농임촌으로 향ᄒ야 리승상 댁으로 차저가이라 잇찍 리승상이 익즁을 보내고 내다에 드로가 장부인다려 왈 권승상 아들이라ᄒ는 아해가 간밤에 ᄌ고간지라 션풍도골과 슉슉한 태도는 죡히 츈화의 짝이오 권승상은 나와 죽마고우라 혼사를 청ᄒ면 저바리지 안이 ᄒ리라 ᄒ든이 잇찍 맛ᄎᆷ 권승승이 드려오거늘 리승승이 악승상 디ᄒ야

P.18
질거 반거 ᄒ야왈 월션에 그닌 아들 익즁이 지내다가 왓거늘 잠간보고 조뇌사오나 요죠한 해도와 슉슉한 거동이 진동이 진시기 남ᄌ요 문필은 고인에서도 문장이라 엇디한 사람은

그런 아들을 두엇는고 나즌 늣게야 무남독녀를 두어사오이 가히 험선함을 이기지 못ᄒ리로다 두 승상이 셔로 만나 피차에 그리는 회포로 적막ᄒ든 심사를 밤이 맛도록 설화ᄒ더라 잇튼 날 권승상이 리승상의게 듸ᄒ야왈 형의게 청할말사이 잇사오이 일즉 인간듸사요 우리 집 존마이 승사의 왈가왈부에 잇사오이 원컨데 승

P.19
상은 깁히생각 ᄒ옵소셔 한듸 리승상이왈 승사의 청함심을 엇지 수화증인를 피ᄒ오릿가 원컨듸 무슴 말슴인지 듯고져 ᄒ오이다 권승상이왈 늣게 ᄌ식을 어덧사오나 비인 불효한 ᄌ식이 귀댁슉녀를 보고 도라와셔 병이 골수에 깁이 사경에 이르르럿사오이 더럽다 마르시고 혼사를 허락ᄒ옵소셔 한듸 리승상이 길거히 허락ᄒ며왈 비인의 박녀를두고 그다지 존중히 청ᄒ시요이 도로혀 죄송ᄒ오이다 비인이 몬저 정혼코저 ᄒ엿더이 승상의 말슴을 듯사오이 차는 박비턴연이라 염려마옵소셔 ᄒ신듸 권승상이왈 낭ᄌ

P.20
을보고 구부ᄌ의를 굿게 맺고 도라감을 청ᄒ나이다 ᄒ이 리승상이 길거 안물을 열고 시비설매를 불너왈 별당에 드러가 낭ᄌ를 뫼시고 이손님을 뵈오라한듸 시비설매 청명ᄒ고 내당에 드러가 장부인의게 이말슴을 고한듸 부인왈 외당에 엇더한 손님

이 왓사관디 심규 처ᄌ를 외인을 뵈오라ᄒ시이 만만부당지설이
라 승상이 전일에는 외인임금과 내외분별이 분명ᄒ더이 일노
볼진디 허망ᄒ심을 청양치못ᄒ리로다 ᄒ거늘 승상이 안문을
열며왈 신ᄒ가 임군의 령을 거역ᄒ면 나라이 망ᄒ고 가인이
가장의령을 거

P.21
역ᄒ면 집이 망ᄒ나이 이손님은 나의 고우라 부모에서 다름이
업는것이오 또한 오날날로 구부지의를 정할것이이 빨이 나와
이로뵈오라 ᄒ신디 장부인이 승상의 명을 거역지 못ᄒ여 별당
에 드로가 낭ᄌ로 ᄒ야금 약간 단장을 수습ᄒ고 외당에 나와
권승상을 레로뵈올새 그요조한 태도와 유순한 덕은 옛날 태사
의 유풍이완연한지라 권승상이 길거ᄒ야 겻헤 안치고 문왈 너
의 나히 멧치뇨 한디 낭ᄌ 수기를 머금고 아미를 나직히 ᄒ거늘
시비 설매주왈 낭ᄌ의 연세는 십육세로소이다 한디 권승상이
꾸지저 왈 낭ᄌ의게 무럿거늘 네 엇지 그다지 경솔이

P.22
답ᄒ나냐 한디 설매 다시 주왈 낭ᄌ씨는 심규처ᄒ사 외인을
디ᄒ야 언어를 통치 못ᄒ오매 감히 ᄂ처ᄒ옵기로 소비가 몸바
나납ᄒ엇나이다ᄒ거늘 그채면이 분명한지라 내렴에 법가 ᄒ인
이 분명ᄒ도다 ᄒ시고 또 낭중으로 옥지환 ᄒ쌍을 내여 낭ᄌ를
주며왈 이것이 우리집 세전지배라 일노ᄒ야금 구부지의을 정ᄒ

노라 ᄒ시이 낭ᄌ 다시 일어 안ᄌ 두손으로 정히 밧드로 금낭에
너코 외당에 오래 머무지못ᄒ여 별당으로 드러가이라 권승상이
도라감을 쳥ᄒ여왈 임이 졍혼ᄒ엿스이 급히 도라가 ᄌ식의 병
셰를 구완ᄒ려ᄒ시이 리승상이 허락ᄒ여

P.23
왈 내드르이 유년 셩취가 길치못ᄒ다 ᄒ오이 익즁을 내 집으로
보내여 공부식히다가 수년후 에 셩취케 ᄒ옵쇼셔 승상이 허락
ᄒ시고 집으로 도라 온이라 허부인이 익즁의 졍혼ᄒ엿단 말과
구부ᄌ의를매잣단말을 낫낫치듯고 익즁의게 설화ᄒ이 병이 졀
노 소해가 되는지라 일일은 행교를 갓초와 익즁을 영쳔농임촌
리승상댁으로 보내이라 여러날 만에 농임촌에 다다르이 녹죽창
송도 무셩ᄒ며 도리행화도 녜잘잇더냐 물물이 방창 반기는듯
새로운 마음을 이기지 못할내라 잇ᄯᅵ는 마참 춘습월이라 낭ᄌ
춘흥

P.24
을못이기여 망월ᄃᆡ을 모와놋코 놉히올나 달을 바라모며 동구을
바라보이 셕양은 재산ᄒ고 쳥은은 담담한ᄃᆡ 어더한 동ᄌ 쳥여
를 비비겨타고 홍션으로 옥안을 가리고 드러온나 거동은 오동
추야ᄌ든봉이 단산에 나려온듯 쳥계도사기륜학이 백운간에 춤
추는듯 단상에 옥동ᄌ가 봉당에 지의는듯 봉내산 선동이 옥겨
으로 행ᄒ는듯 ᄒ거늘 낭ᄌ내렴에 ᄒ오ᄃᆡ 기주땅 권쌍이아로리

단아한들 저에서 더할소냐 ᄒ고 별당에 도라와 서안을 비겨
고셔를보더이 시비셜매 드러와 외당에 권승상대 도련님오심을
고ᄒ거늘 낭즈내렴에

P.25
ᄒ오딕 망월루에셔 보든 동즈 필연 권생이로다 짐작ᄒ더라 승
상이 권생옴을 듯고 즉시외당에 나와 권생의 손을 잡아 겻헤
안치고 본댁 안부를 무른 후에 장부인을 청현랑의게 부탁 할것
이이 어엿비 생각ᄒ라 ᄒ고 무수히 질거ᄒ더라 수일을 지낸
뒤에 권생으로 ᄒ여곰 서책을 주어 공부을 식힐새 의복공구를
낭즈 손수 밧드이 비록육례전이나 정의는 비할딕 업더라 그러
구러 일년이 지낸지라 거셜이라 세상사는 호사다마로다 잇ᄯㅐ경
성에 거ᄒ는 옥낭목

P.26
이라 ᄒ는 사람이 잇잇스되 벼살이살이 상셔에 처ᄒ야 조정국
사를 임으로 처단ᄒ고 공후열작을 삿즉삭 필즉필이라 황제매일
연형에 사사이 연청ᄒ시이 조정백관이 낭목의 압흘 두려ᄒ야
유구무언ᄒ고 유일불문 ᄒ는지라 이ᄯㅐ 낭목이 한즈식을 두고
혼처를 구ᄒ더이 맛참 리승상과진이 녀아을 두엇스되 요조숙녀
란 말을 늣과 매즈를 보내여 혼사를 청할새 리승상이 권승상
아들과 임이 정혼ᄒ엿다고 불청ᄒ이 옥낭목이 간흉한 마음으로
억혼합을 꾀ᄒ더이 잇ᄯㅐ는 춘삼월가절이라 황제후원에

P.27

잔치을 배설ᄒ시고 만조백관을 모와 종일 질거 ᄒ실재 낭목이 는 간기를 먹음고 올노질거ᄒ지 안이ᄒ는지라 황제보시고 낭목을 물너 문왈 경은 종일토록 말도 안이ᄒ고 질거운 빗치 업스이 엇진연고뇨 ᄒ시이 낭목이 복 지주왈 신이 한낫 ᄌ기이 잇사와 리승상 과진의 집에 규수잇단 말을 닷사옵과 청혼ᄒ얏삽는이 거짓 권승상아들과 정혼ᄒ엿다ᄒ고 불청ᄒ온이 과진의게 견패함을 생각ᄒ온이 ᄌ연 마음이 불평ᄒ옵이다 ᄒ거늘 황제드르시고 갈아사ᄃ 경은 심여치말나 짐이 중매ᄒ리라 ᄒ시고 즉시 사ᄌ을

P.28

보내여 리승상 과진을 패신ᄃ 이때 리승상이 권생을 다리고 주배를 ᄂ호며 풍월을 을푸며 각색풍경을 구경ᄒ더이 맛참 사ᄌ 칙지 가저옴을 고ᄒ거을 급히 거관을 정제ᄒ고 외당의 나와 사ᄌ를 ᄃᄒ야 예판후 칙지을 밧드러 북향사배ᄒ고 띄어보이 패초ᄒ신 사연이라 즉시 행장을 차려 사관을 따라 경성에 올나가 황제를 뵈온ᄃ 황제보시고 가라사ᄃ 경의딸이 잇다ᄒ이 낭목의 아들과 결혼ᄒ라 ᄒ시거늘 승상이 면관 복지주왈 황명을 거역ᄒ오면 신ᄌ도리안이오나 신의 녀석은임이 권승상양옥의 아들과 정혼ᄒ온

P.29

지 임이오래로소이다 황뎨가라사딕 권가의 혼사을 물이치고 옥생과 혼사을 정ᄒ라 ᄒ신딕 승상이 다시주왈 엇지 한말로서 두사위를 구ᄒ오리가ᄒ고 ᄒ지못ᄒ리로소이다 잇쩌 유농태라 ᄒ는사람은 옥낭목의 외사촌이라 또한 소인이라 시위ᄒ야다가 출반주왈 리권양인이 아즉 혼사를 셜례치 안이ᄒ엿스이 퇴혼함이어렵지 안이ᄒ거든 져의 언약만 즁히알고 폐ᄒ의 명령을 거역ᄒ온이 엇지 군신지분이라 ᄒ오리가 만일 폐ᄒ의 명령을 죵시쫒지 안이ᄒ엇거든 딕역부도죄로 다사리소셔

P.30

ᄒ이 황제 을히여기사 질노왈 죵시거역ᄒ면 권가의집과 리가의 집을 률노 다사리이라 ᄒ시고 또한 권승상을 잡아올여 리승상과 한가지로 젼옥에 수금ᄒ는지라 리승상이 권승상의게 사죄왈 승상은 일시 우사을 생각지 마르시고 양가존망을 생각ᄒ옵소셔 백이사지ᄒ와도 옥가의 혼사을 허락함만 갓지못합이다 만일허락지안이ᄒ면 우리 화패는고사ᄒ고 권씨댁이 망할지라 사셰졀박ᄒ오나 무슴면목으로 권새의게 이말을통ᄒ리요 차라리 이몸이죽어 양가의 화을 딕신함만 갓지 못ᄒ다ᄒ거늘 권승상이 생각

P.31

ᄒ적 ᄉ시 엇지할수업게 되얏스매 리승상을 위로ᄒ며 옥가혼사

을 허락ᄒ소셔ᄒ이 리승상이 할일업서이 연유을 주잘ᄒ이 황제 ᄃᆡ히ᄒ사 양인을 방출ᄒ는지라 두승상이 서로 악연상별할새 리승상이 권승상을 ᄃᆡᄒ여 고루한 만새의 허물을 생각지 마르시고 명문거족에 어진숙녀을 간태ᄒ야 슬ᄒ의 영화을 보옵쇼셔 만생은 전생의 죄악이 지중ᄒ야 늣개야 일녀를 두엇다가 슬ᄒ에 ᄌᆞ미를 보지못ᄒ고 이런 참혹한일을 당ᄒ오이 엊지 비탄치 안이ᄒ오리가ᄒ며 눈물을 흘여 수엄을 직시거늘 권승상이 위로

P.32

왈 차역막비운수온이 한탄치마옵소셔 ᄒ고 아수 상별ᄒ이라 리승상이 집에 도라와 부인과 소저를 ᄃᆡᄒ야 일장설화사신후 슬푸다 춘후야막비련수이 이일을 엇지할고 사세 심히 박두ᄒ여 스이 마음을 널이먹고 옥생을 섬겨 양가화패를 면키만 갓지못ᄒ이 노부의 근심을 세치지말나ᄒ시거늘 소저 이말을 듯고 아모말도 못ᄒ며 양혐에 진갓흔눈물이 흘너 나슴을 적시거늘 승상이 무수히 개유ᄒ여 별당으로 보내고 외당에 나와 권생의 손을 잡고 눈물을먹음고 왈 황명이지엄ᄒ기로 그ᄃᆡ 부친이 옥가에 **혼사**를 허락ᄒ엿스이

P.33

생각컨ᄃᆡ 박명한 녀식으로ᄒ여금 화패가 그ᄃᆡ의게까지 밋칠듯 ᄒ야 무가내ᄒ라 허락ᄒ엿건이와 그ᄃᆡ의 슬슬한 학정을 엇지ᄒ리요ᄒ이 권새잉 이말을 듯고 묵연양구에왈 ᄃᆡ인은 과도히설어

마옵쇼셔 되인의 애홀ᄒ시든 정의ᄂ 백골ᄂ망이오나 소ᄌ갓치 박복한 인생이야 엇지다 갑기를바래리요 ᄒ며 행장을 수습ᄒ며 떠남을 고ᄒ며 눈물을 흘이거늘 승샤이 또한 울며 말유ᄒ여왈 거이 일모ᄒ엿스이 오날밤이나 유ᄒ고가라 그되는 도로허나 의마음을 상히ᄂ배라 장부의 활달한 마음을 널이먹고 소소한 변분을생각지말나ᄒᄆᆡ 무

P.34
수히말유ᄒ시고 또장부인이나와 말유ᄒ여왈 공ᄌᄂ 일년상 거ᄒ든 정으로도 ᄒ로밤이나 더 유ᄒ고 가옵쇼셔 이ᄂ막비련 수라 양가위샤를 엇지다말ᄒ리요 공ᄌᄂ 장부라 다른곳에 취처ᄒ야 새로히 탁정ᄒ면 우리집을 이지련마는 우리야 죽어 구천에 도라간들 엇지공ᄌ를 이즈리요ᄒ며 무수히 말유ᄒ시거늘 권생이 마지못ᄒ야 그날밤도 외당에 유ᄒ더이 잇썩낭ᄌ 별당에 도라가생각ᄒ이ᄒ날이 문허지고 땅이되눕ᄂ듯ᄒ야 여광여취ᄒ야 어이할줄몰나 시비설매를 불너왈 권생은 장부의마음이라 필연잇고 잠

P.35
을ᄌᄂ듯ᄒ이 외당에 나가보고오라ᄒ거늘 설며 외당에나가 문을의ᄌᄌ야ᄂ드이 잇써권생이 분함과 슬픔을 이기못ᄒ야 목침을도도와비고 영창을 반개ᄒ고 달빗 흘듸ᄒ야 적적한 비인바에 호을노 누어한숨을 쉬며 탄식ᄒ여왈 세상만사 허망ᄒ다 일녀을

지쳬함을 래사를 바랫더이 딕사가허사로다 승상과 부인의 애휼ᄒᆞ시든정을 생각ᄒᆞ이 골절이 알이도다 슬품을 이기지못아여 노래 한곡조를 지어왈 슬푸다 우리인연이여 가슴에 불이이러나도다 눈물이 비가되야 타는간장새련마는 한숨이바람되야 설

P.36
설히부러오이 이내간장다타는닷 아사라 고만두이라 별당에잠든낭ᄌᆞ야 이내간장 이러한줄 어이알리요 ᄒᆞ거늘 설매듯기를 다ᄒᆞ고 별당에도라와 낭ᄌᆞ의게 권생의 ᄌᆞ탄ᄒᆞ든말을 낫낫치고 한딕 낭ᄌᆞ듯기를 다ᄒᆞ고 정신이 아득ᄒᆞ야 가슴이 터지는듯 구비구비 생각ᄒᆞ나 실낫갓흔이내간장 촌촌히어쓴지는듯 수건을 목에걸고울며왈 월슘경 깁흔밤에 인적은 고여ᄒᆞ고 등축은 명탕ᄒᆞ다 수건 석ᄌᆞ 목에매이 슘흔이 허터지고 칠백이 나는도다 금낭에 옥지환은 정결함도정결ᄒᆞ다 청백한이내마음 옥지환과 쪽을

P.37
지어 만연이들 변할손야 원수로다원수로다 옥낭목이 원수로다 제욕심만 채울나고 남의정곡 쓴탄말가 다시곰곰 생각ᄒᆞ이 오날밤에 죽게되면 옥낭목의 흉한심과 필연모해ᄒᆞ야 어른의게 밋칠것이이 내일옥가례석에 칼을물고업더저 낭목의눈에 보이리라 ᄒᆞ고 지필을 내여 편지를 써서 설매로ᄒᆞ여금 권새의 계전ᄒᆞ세잇셔 권생이 심사산란ᄒᆞ야 누락안지락ᄒᆞ며 날새기를기다리더

이 맛참 셜매 편지를 올이거늘 급히뎨여보이 그 글에ᄒ엿스되 소져 츈화는두번 졀ᄒ옵고 공ᄌ좌ᄒ에 불민한 셔찰을두어나귀 록ᄒ여을

P.38
이나이다 슬푸다 조물이시긔ᄒ고 귀신이져희로다 아즉육례젼이오나 공ᄌ는 외당에 거ᄒ고 쳡 내당에거ᄒ야 한번더 셔러듸ᄒ야말슴은 못ᄒ엿스나 일년 동졍식ᄒ옵기는 백년가약을 기다림이라 뗏뗏한마음과 탐탐한졍이 는태산이 부죡ᄒ고 ᄒ해가엿삽더이 쳔만농의에 오날날 이러한 만칙한 별을당ᄒ오이 이일을 어이ᄒ리요 쳡은 죽는수밧게 다른도리 업사오이 공ᄌ는 명문듸가에 취져ᄒ야 만셰안락ᄒ옵쇼셔 나갓흔 박명한 인생이야 구쳔에 돠간들 일시나 이지릿가 이내 고흔 죽거들낭 두견새되야주소

P.39
공ᄌ님 ᄌ는쳥에 솟졍솟졍 울어보세 슬푸다 공ᄌ님아 이일을어이ᄒ리요 꿈이거든 깨와주고 새시거든 죽여주소 실끗갓치 매친 원한 그뉘라서 푸러주리오 ᄒ올말슴 쳡쳡ᄒ오나 졍신이 막막ᄒ야 이마 긋치나이다 권생이 견필에 심사창연ᄒ여 답셔를 젹어 셜매의게 주며왈 낭ᄌ의게 을이라 ᄒ거늘 셜매답장을 밪ᄌ와 빌낭에 노라와 쇼져젼에 올이이 소져 급히 뎨여보이 ᄒ엿스듸 권익즁은 숨가히 두어ᄌ 글을 쇼져안젼에 올나이다 슬푸다 쇼져지쳑에잇건만은 지쳑이쳔리로다 일ᄌ셔간으로만밤

P.40

비회를 화답ᄒ오이 첩첩한회포며 첩첩한정회를 엇지붓굿흐로 다 기록ᄒ리요 그러나 막비련수라 엇지할수업스이 소저는 박복한 권생을 생각지마옵고 부귀영화ᄒ는 옥새을 따라 백년안과ᄒ옵쇼셔 ᄒ엿거늘 소저 보기를 다ᄒ고 발연변색 왈 권생도 또한 비양ᄒ엿도다ᄒ고 속적삼 한벌되 옥지환 한짝과 금봉채일편을 편지에 봉ᄒ야 또권생의게 보내이라 권새이 밧아떼여 보이ᄒ엿스되 평생열결 노낭군좌ᄒ에 을이나이다 옥지환과 금봉차와 속적삼을 첩본듯이 가졋다

P.41

가 일후지ᄒ에 도라가도 일노써 신을 슴으소소 내일 결단코 죽어구천에 도라가 낭군댁 귀신이 되올것이이 첩의신체를 가져다가선사에도 뭇지말고 구산에도 뭇지말고 낭군출입ᄒ시는 길가에 부더주고 한식과 추석에 차지며 벌초나ᄒ여주소 ᄒ엿드라 권생이 보기를 다ᄒ매 정신이 맘맘답답ᄒ나 엇절수업서나 종을 보ᄌ고 신물을 밧아 품에 품고날새기를 기다려 승상과부인의게 ᄒ직ᄒ고 떠나갈새 중문에 나가다가 긔절여 업더지거늘 승상부인이 급히구ᄒ여 위로왈 권생은 ᄒ해갓흔마음을널이생각

P.42

ᄒ라 남ᄌ의 호탕은지정은 천즁봉접과 갓흔지라 만슨춘싴이 작작한듸 간듸마당일반이라 다른곳이 취처ᄒ야 탁정ᄒ면 그만

이이 꿈갓흔 즁간사를 엇지다 생각ᄒ리오 서러말고 귀체를 안
보ᄒ라 만단위로ᄒ여 별송ᄒ이라 잇ᄯᅢ소저 권생이 떠낫단말을
듯고 망극ᄒ여 수건으로 목을매여 사경에 이르럿나지라 승상과
부인이급히끌너 놋코 불너왈 춘화야 춘화야 정신차려라 눈을떠
서 나를보아라 한갓정열만 생각ᄒ고 늘근부모의 참혹한정을
생각지안이ᄒ나냐ᄒ며 무수히통곡ᄒ이 소저양

P.43

구의 정신을ᄎ려 눈을 뜨ᄂ지라 승상이 위로ᄒ여왈 사세는 ᄂ
처ᄒ나 막비련수라 권생을 생각지말고 옥낭을 따라가 조흔소문
을나날 등이어서 늘근부모의 마음을 편케함이 도리에 떳떳ᄒ
고 또한 육례전의 퇴혼함이 인간에 흑예사라 엇지 그리 고집ᄒ
뇨 ᄒ신ᄃᆡ 소저 목을 기우리여늬 세는말노 엿ᄌᆞ오되 비록 성례
전이나탁정은 백년동낙에서 다름이 업삽고 또한 권승상의에
구부지례로 주시든 옥지환이 소녀의 낭즁에잇사오이 엇지 예사
라ᄒ오릿가ᄒ이 승상이 아모말도 다시못ᄒ더라 각설잇

P.44

ᄯᅢ 옥낭목이 초행을 기세ᄃᆡ로 차릴새 별연 독교 욕교 연ᄌᆞ와
금등화장을첩첩히 버려세우고 옥적금쟁과 형목뇌고로 풍악을
집히녀드러올새 각읍수령과 공후방백이 회객으로 못ᄂ 재구름
닷듯ᄒᄂ지라 승상이 옥상서를 영접ᄒ여 외당에 안치고 례셕을
차려 소저를 청ᄒ거늘 서저 병석에 누엇뜬 그태도로 례셕에

나아갈새 주련명월이 흑운을 헷치는듯 소저례석에 드러서서 목을 가다듬고 옥생을 꾸지지저왈 너는아즉미

P.45
거한지라 엇지알이요 만은 네아비는 일국간신이라 엇지 한갓 권세만 밋고 남의 정열을 더럽피리요 빨리 돌라가 너와 갓흔 소임배와 정혼함이 맛당ᄒ리라 ᄒ고 언파에 품으로 칼을 내여 몰고 업드러지는지라 승상과 부인과 시비등이 창황망조ᄒ야 급히 달여드러 구원ᄒ나 낭ᄌ 임이 죽어 백옥갓흔 목으로 피가 쇼사나는지라 옥낭목이 경황ᄒ야 가는줄도 모르게 도망ᄒ고 좌우빈객이 물결갓치 흐러지는지라 잇ᄯᅥ 승상과 부인이 소저를 안아 방에 눕피고 가슴을 두다리며 통곡왈 춘화야춘화야 네가 실정 죽엇는야

P.46
이러나라 이러나라 무남독녀 너을두고 천글갓치 길넛더이 금두훈이 된단말가 원수로다 원수로다 에망목이 원수로다 텬지도 무ᄒ심고 귀신도 야속ᄒ다 동산에 지는꽃과 서산에 지는달은 다시볼때 잇건마는 절통ᄒ다 어의얼골 한번보면 언재볼까 단장ᄒ든몸 거울은 벽상에 거렷떤마은 그뉘라서 다시보며 온갓 의복등물좌우에 버렷떤만은 그뉘라서 입을소냐 애고답답 원통ᄒ다 상긋상긋 운는 얼굴 불선 다시보고지라 쟁쟁한 네말소래 불선 다시 듯고지라듸야 갓흔 빈방안에 두 백발이 통곡ᄒ이

어느 ᄌ식 위로ᄒ

P.47
리련 당우에 저줄배는 너 죽은줄아랏는가 청풍에 오락가락 세우동 창꼿가지는 너죽은줄 아랏는가 가지가지 이슬마ᄌ 흐로나이 눈물이라 후원 양류꾀고리는 속절업시 슬피우이 어이 그리 슬피우는고 짝을 일허 그리는가 벗을 일허 그리는가 새야새아 황조새야 개개한 너의 소래 명월사참 별당안에 애닯흘사 우리 춘화 비단짜는 소래로다 낫틀듸이고 통곡ᄒ이 그참혹한 정상은 참아보지못할너라 염습을 수습할새 소저품으로 일봉서 나오서늘 띄여보이 ᄒ엿스되 불효막듸한 권실춘화는 백배ᄒ옵고 영결서 두어ᄌ로부

P.48
모님전의 올이나이다 슬푸고 가련ᄒ다 불효한녀식으로 영화을 바랫드이 영화는 간곳업고 불효만 깃치시이 엇지 ᄌ식이ᄒᄒ리오 애고 답답스런지고 불상한 우리부모 잔이이한 이내신세 이리될줄 어리아리 어화 세상사람들아 ᄌ식업는 우리부모를 불상히 생각ᄒ소 남산에 세막 셋치도 ᄌ식을 사랑ᄒ야 날개로 덥퍼주고 입으로쫏는구나 가련할사 우리부부 어는 ᄌ식위로ᄒ리 동지섯달 설한풍과 오륙월 슴복더위 춥소덥소 뉘가ᄒ며 춘풍한식 청명절에 선영향화 뉘가ᄒ리 적막한 이내몸이 묵망산 구전비에 무주고흔되얏

P.49

스이 적적한 공산중에 오작은 우지지고 어느동류 차차갈꼬 불상한 이내신체 권시댁 구산ᄒ에 무더주소 백골이 진토되도록 이한을 이즐소냐 설매로 발상ᄒ고 권생으로 제복ᄒ여 행상뒤에 세워주소 유정한 우리 낭군 한번 듸면도 못ᄒ고 유정한 정휘도 못통ᄒ고 구천에 도라가 이 칠천지 포원이라 말노도 다 못ᄒ고 글노도 다못ᄒ고 이만긋쳐나이다ᄒ엿거늘 승상부부 보기를 다ᄒ는 궁굴며 통곡ᄒ여왈 백발부모를 뉘께전장ᄒ고 네가 몬저죽 단말가 네가 실정 죽엇거든 우리도 함게 다려가거라 무수히 애통ᄒ다가 즉시부고를 권승상댁으

P.50

로보낸이라 각설 잇ᄯ 권승상이 집에 도라와 소저를 생각ᄒ야 언산만 바라보고 맥업시 안잣더이 맛참 ᄒ인이 부고를 을이거늘 바다보이 ᄒ엿스되 박명한녀식이 권낭을 위ᄒ야죽엇스이 서랑은신체를 밧비반구ᄒ라ᄒ엿더라 승상부부보고듸경질색ᄒ여왈 불상코가련ᄒ다 우리권씨를 위ᄒ야 정열을 직혓스이 엇지 애닯지 안이ᄒ리오라고 즉시 권생을 보낸이라 잇ᄯ 권생이 영천 농임춘에 다다라 승상댁으로 드러가이 승상과부인이 권생의 손을잡고울며왈 서랑은 뉘를 바라고왓나뇨 만고 정열 우리춘화

P.51

금두혼이 되얏스이 우리 말년에 춘화를 성례식혀 녹수에 원앙과 오동봉화의 짝을 바랫더이 이것이 왼일이요 ᄒ고 가슴을 두라리며 딕성통곡ᄒ며 절동코도 분한히라 권생이 빙부모따라 내당에 드러가서 소저의 목을 안고 방성통곡왈 춘화씨 춘화씨 일어나오 일어나오 권익중이 여기왔소 이리될줄 아랏스면 편지ᄒ든 그날밤에 염치를 무릅쓰고 별당으로 드러가서 만단정회ᄒ여 블샐일언반시 못해보고 영결종천 되얏스이 무궁무궁한 나의 한과 첩첩한 그딕 원을 어는 때나 푸러볼가 즉시 상군을 조발ᄒ여 출

P.52

발할새 설믹로 발상ᄒ고 권생은 호상되고 승상은 배해되며 명정은 압세우고 빈객등은 뒤세우고 석양산 저문날에 해가일곡 슬푼소래 안이우리업더라 참혹ᄒ다 장부인이 무남독녀 길너내여 행사으로 꺼나가이 업더질락 잡바직락 궁글고 통곡ᄒ야 아모리 할줄몰으더라 못보겟네 못보겟네 ᄒ날님게 비느이다 우리 춘화 살여주오 만장갓흔 빈방안에 나혼ᄌ 바려두고 가단마이 왼말인고 내가죽고 네가살면 경사리 ᄒ련만는 불칙한이 내신명 가련ᄒ게되얏도다 단정한 너의얼골 언제 ᄒ변 다시볼고 무수히

P.53

이통ᄒ이 보는ᄉ람 눈물안이 헐이리 읍드라 권싱이 호직 신체

를 반구ᄒ여 청양산 구산ᄒ에 안장ᄒ고 도라온이라 잇ᄯ 권승상이 익중의 마음을 안정식히고저 ᄒ서서 촉나라 위돌영의 지베 규양잇단말을 듯고 즉시 매ᄌ를 보내여 충혼한ᄃ 돌영이 허락ᄒ거늘 즉시 택일ᄒ여 성례ᄒ고 승상이 익중응 위로왈 차후로는 리낭ᄌ를 생각지말고 위낭ᄌ를 탁정ᄒ야 만복지원으로 백년해로 ᄒ야 늘근부모를 안심식히고 후사를 잘밧드러 인ᄌ의 도리에 을케ᄒ라 ᄒ시거늘 익중이 복지청교ᄒ고 세월을 보내더라

P.54
잇ᄯ는 월명연추구월이라 위낭ᄌ를 신행ᄒ고 슴일만에 익중 이새처가에 재행차로 서축으로 간이라 각설 리낭ᄌ 죽어련상에을 나가서 선녀로 짝한지라 옥황상제게 뵈온ᄃ 상제왈 너는 인간에 배필을 맛나지 못ᄒ여서 원총이 죽엇스이 강남약양루 죽림속에가잇스면 ᄌ연 네배필 익중을 맛날지라 ᄒ시고 또한 허수아비를 만드럿스되 일흠은 우인이요 ᄌ얼골은 익중과 갓흔 만던지라 우인이 익중의 집을 차ᄌ가이 승상과 부인이며 위낭ᄌ 익중만너겨 반겨ᄒ고 서축 안부를 뭇거늘 우인이 ᄃ강ᄃ답ᄒ고 참익중오기를

P.55
기다리더라 잇ᄯ 권생이 수일 유련ᄒ다가 집으로 도라올 말ᄃ문안에 드러서이 당상에 엇더한 사람이 안잣다가고 성질노왈

내서쵹 갈때에 저러한 귀신이 꿈에 헌몽ㅎ되 나는 금강산에 헛개비라ㅎ는 귀신일느이 비오고 바람부는날이면 의탁할곳이 업서서 내들으이 너의집이 부ᄌ라ㅎ이 모월모일에 너의 집을차 저가서 너를쫓차내고 내가 잇스리라ㅎ더이 과연 오날 백주에 드러온다ㅎ거늘 익중이 가화인줄 짐작ㅎ고 기가막혀 중문에 서서 부모를부러지저 이것이 원일인요 한듸 승사이 부인

P.56
을 붓들고 기가막혀 묵묵무언ㅎ고 안잣실 다름일너라 또한 익중이 더러오이 ᄂ는형ᄂ는제되여 어ᄂ는것이 참익중이며 어ᄂ는것이 거짓익중인지 ᄌᄌ는 막여부라 ㅎ엿스되 아비도 모르로다한듸 부인왈 몬저온것이 참익중 분명ㅎ고 나종온 것이 귀신이 분명 ㅎ다ㅎ고 어재밤 몽사여차여차ㅎ더이 과연그럿토다 승상은의 심치마옵고 ㅎ인을 불너왈 중문에 들어오ᄂ는 귀신을 급히 둘너 쫓차내라ㅎ신듸 ㅎ인놈 거동보소 벙치을 수겨씨고 듸문밧게 좃차나가 복숑아 나무굴근가지를 쑥걱거 손에쥐고 아래종아

P.57
이를 뚜다리며 재떡을 이마우에 썩붓치고 물밥을 등에 덥피우 에 산골물흐러ᄂ는듯ㅎ더라 익중이 당장 곤욕과 매를 견듸지못ㅎ 야 촌진 수풀속에 의지ㅎ여 안ᄌ생각ㅎ이 꿈인가생시인가 세상 에 이른 허황한일이 어듸잇스리요 이것이다 가화로다 그러나소 진장의의 구변으로도 발명무지요 핵시할수업ᄂ는지라 다시 드러

가마져축기를 결단ᄒ리라ᄒ다가 도로혀 생각ᄒ이 가화로 집을 맛차스이 사라 슬때업거이

P.58
쳔ᄒ 강산 두루도라 구경이나 다한후에 강남명월 악양루을 구경ᄒ고 동정호에 빠ᄌ죽으리라ᄒ고 구경차로 나선이라 나선이 수월만에 득달ᄒ야 용문산을 도라더이 구년치수 낡낸독기 ᄒ우씨의유적이요 위수에 도라가이 백구 한편 나ᄂ곳에 강태공의 조ᄃ로다 화학루을 나가이 승학상쳔 그뉠는고 봉황ᄃ에 나아가이 이수중분백노라 채셕강 도라더이 리태백은 간곳업고 명월만 떠셔잇내 적벽강 도라드이 습국풍경 사라지고 소ᄌ첩은 어ᄃ가고 단안이 쳔쳑인가 군산에 드러가이 왕소군의

P.59
싱중쵼에 월야혼이 가련ᄒ다 마왜두 바라보이 양비귀의 고흔태고 당명황이 눈물짓고 해셩으로 도라드이 게명산 통소소래 우미인 손목잡고 초패왕이 우럿셔라 진시황의 만리성과 ᄒ태조의 발금참사ᄒ는 곳을 묵묵히 구경ᄒ고 무릉도원 차ᄌ가이 춘래편시도화수라 불변션원 ᄒ쳐심고 고소ᄃ상을 나가이 만성낙화 분분한ᄃ 월셔시의 흔적이라 그러구로 명산ᄃ쳔을 다구경한지라 악양루를 차ᄌ갈새 악양루라 ᄒᄂ루는 ᄂ합밋해 동졍수 흘너가는이라 구경을

P.60

다한후에 동정수에 빠저죽기를 단정ᄒ고 악양루를 차저가서 갱상일칭을 나가이 황능모에 두견울고 호연봉구름떠고 소상강 밤비오고 동정호에 달이뜨고 어장촌 개짓고 촌점에 닭이울고 새우강변 해오래비 만경창과 도라들고 월슴경 기러기는 십리평사 나라든다 비풍은 소실ᄒ고 낙엽은 소소한듸 오작은 차로들고 초객은 떠나간다 구경을 다한후에 악양루ᄂ함을 비겨잡고 죽기를단정ᄒ고 눈물을흘여 동정수에뿌리면서 슬탄식왈 동정호야 동정호야 너

P.61

아모리 깁푸드라도 이내근심 밋칠쏘냐 광듸한 턴지간에 의탁업는 이내몸을 동정호에 빠저죽기를 단정ᄒ고 차ᄌ가는길노 동해로 중연과 명나수 굴슴여와 서산에 오ᄌ서와 오강에 항우장군 면면이 차ᄌ보고 이생에 남은ᄒ과 전생에 남은한을 낫낫치 다말ᄒ고 물결은 광분ᄒ고 바람은 소실한듸 죽ᄌᄒ이 오직ᄒ리 엇든사람 필ᄌ조와 부모처ᄌ잇서 맥년애로 양낙ᄒ노이 어화 나의몹실 팔ᄌ 무모안해 잇건만은 이리될줄 어이아리 두세번 진퇴ᄒ야 두눈

P.62

을쌈고 동정호에 떠러지이 동정호 ᄂ함에 손입붓고 떠러지지아이ᄒ는지라 익중이 기절ᄒ야 ᄂ함에 업더저서 동정호에 빠잣는

지 분별치못ᄒ다가 이억히 정신을 차려보이 이것이 인간세상이냐 물밋치냐 죽어귀신이냐 사라생시냐 ᄌ시히 살펴보이 ᄂ함에 손이붓고 떠러지지아이 ᄒ는지라 홀련드르이 풍편에 거문고소래 들이거늘 고이히 녀겨이러서이 붓흔손이 떠러지고 청조이몸을 인도ᄒ야 죽림속에 다다르이 을밀한 죽림간에 수간정ᄌ지엿스되 월중에게수

P.63
나무 오강에 옥독기로 톡톡비저내여 사모에 찬란한서동 턴상에 벽유옥을 줄곳게 서로걸고 구름으로 산ᄌ얽고 무지개로 들보ᄒ고 나우리로 단청ᄒ고 정패유성 조흔나무로 분합창을 다랏느듸 묵두칠성 돌짜구요 동두칠성 고로리다 견우직녀 지긔석을 좌우에 주추놋코 여와씨보련석을 음양으로 개와언고 성슉이 주렴되고 일월이 창호로다 그가운듸 엇더한 낭ᄌ 칠현금을 비겨안고 오초동낙 부는바람 실실히 히롱ᄒ나 월궁항아 해고적이이에서 더할쏘냐 익중이 불문곡

P.64
직ᄒ고 드러가이 낭ᄌ거문고를 노코 침금에 의지ᄒ고 숨거늘 익중이옥 래갓흔 음성으로 공손히 달내여왈 낭ᄌ는 런지갓흔 너른마음으로 ᄒ해갓치 깁피생각ᄒ여 빙설갓흔 절개를 잠간굽피쇼셔ᄒ이 낭ᄌ이러나 아미를 나즉이ᄒ고 가는목을 가다듬어 옥성으로 꾸지저왈 귀신이냐 사람이냐 목숨을 앗시거든 빨이나

가 목숨을 보전ᄒ라ᄒ는소래 옥반에 구실쏫는듯 한지라 익즁이 다시꾸러안ᄌ 애걸왈 생은 기주권승상아들 익중일너이 가화공참ᄒ야 사해로 부평초갓치 단이더이 오날밤에 악양루

P.65

이올나 ᄌ옵다가 거문고한곡조에 춘흥을 못이겨서 왓나이다ᄒ이 낭ᄌ 이말을듯고 옷깃을 거두우며 다시문왈 권승상의ᄌ제면 영천농님촌 리낭ᄌ를 아시나닛가 익즁이 눈물을 직고 한숨을ᄒ여왈 리낭ᄌ는 평생불망지인이라 악독한 옥낭목의 환을 입어 금두혼이되얏스이 나의가슴에 철못이라 죽사온들 이지리요 그러나 낭ᄌ는 엇지아러신이가 낭ᄌ 다시 문왈 그럴진딘 신정바든배 잇나잇가 한 딘 익즁이 고이ᄒ여 품속으로옥지환 한짝과 금봉채한편과 속적슴 한벌을내여노ᄒ며왈 이것이 리낭ᄌ신정

P.66

포로소이다 ᄒ이 낭ᄌ 익중의 손을잡고 알희일비ᄒ여왈 리낭ᄌ 내가왓소 낭군님을 보려ᄒ고 이곳에 나려와서 주야로 기다리더이 슬푸고 반갑도다 첩첩한정희와 무궁한 원한을 엇지 칙양ᄒ리요 익즁이 낭ᄌ의 맥낭갓흔 목을후려처안고 꿈인가 생시인가 반갑고 길겁도다 죽은낭ᄌ 다시보이 이런일이 또잇는가 옛날 절딘가인 낫낫치 헤아리이 한나라 황소군과 월나라 서시와 당나라 양귀비는 만고절색이로되 죽어지면 못보거든 유정한우리낭ᄌ 죽은후에 다시보내 오날날이리 만날줄

P.67

몽미간이나 엇지쯧ᄒ얏스리요 세상고금에 회한한일이로다 연고를 무른디 낭ᄌ전후수말을 다설화할새 죽어선녀되야 상제게 명을 바다 낭군님을 기다리더이 흑 타인인가 염녀ᄒ야 그다지 속엿 나이다ᄒ고 술을내여놋코 권할새 삭색으로버려스되 태을선의 련엽주와 리적선의 포도주와 갈흥의 만물주를 유리호박산호병에 차래로 버려놋코 단산의 봉의찜과 벽해에 오리탕을 옥반에 고와놋코 비취도소 앵무잔에 맛조흔련엽주를 가닥히부어 섬섬옥수로들리거늘 익중이 호탕ᄒ야 일배일배부일

P.68

배로 만취케먹은후에 취흥을못이겨서 낭ᄌ의게 청ᄒ여왈 임이 야심ᄒ얏스이 동침함이엇더리오 낭ᄌ왈 욱례전에 엇지몸을허 ᄒ오릿사 아즉 지만ᄒ옷쇼셔ᄒ고 두어ᄌ 글을 적어 공중으로날녀보내이 이윽ᄒ야 사방으로 화촉이 황홀ᄒ며 여러선관이 드러오는지라 남국노인성과 일광노태성은 상빈으로 지휘ᄒ고 그남은 양주봉래방장선관 좌우회객으로느러서고 천태산 마고선녀 요지의 서왕모는 낭ᄌ 게시ᄒ고 그남은 려러선녀 압뒤로 시위로다 구름차일 운모병풍 둘녀치고 청학백학으로

P.69

좌우에 버려놋코 추성이 축불되고 월중단게 병화로다 적송ᄌ로 전안ᄒ고 안긔생은 전피ᄒ고 익중은 화완금조흔관디 환룡각디

둘러뛰고 낭즈는칠보단장 갓춘후 녹의홍상 떨처입고 육례을차
릴새 팔선녀로 행작ᄒ고 악전으로 창홀ᄒ야 례를 맛친후에 여
러선관들이 익즁의손을잡고왈 우리는련상선관으로 상제의게
명을바다 그ᄃᆡ위게 례를 이루게ᄒ노라ᄒ고 구름을타고 행행이
가는지라 익중이 공즁을향ᄒ야 무수히 사례ᄒ고 도라와 낭즈로
더부러 일야동침 깁흔밤에 만단정회 이로말할수업더라 익중이
사랑함을 이기지못ᄒ야 낭즈의목을 후리처안

P.70
고 희희낙낙ᄒ는말이 바람아 부러라 비야 오너라 우리 두리
맛낫스이 만고 여한푸러진다 둘이몸을 뭉처다가 동정수에 넛
귀나 말거나 이런사랑 ᄯᅩ잇는가 우리둘이 맛나스이 태산이 평
지되고 ᄒ해가 육지되도록 사라보세 이럿타시 길거할 때 계명
성이 들이거늘 낭즈 이러안즈 축불을 발키고 약 세봉지를 주며
왈 상제명령이 계명성이 들이거든 올나오라 ᄒ옵쇼셔 텬상 옥
황상제께서 허수아비를 모내엿스이 이약을 가저다가 한봉은
ᄃᆡ문안이

P.71
ᄲᅱ여보고 흔봉은 마당이 ᄲᅱ여보고 흔봉은 방문열고 ᄲᅱ여 보옵
쇼셔 벽역성이 이러나며 우인은업스리다 ᄯᅩ오년을 지낸후에
이곳에 와서 오날밤 복중에 때찬 아해를 다려가옵쇼셔 이것이
다 우리전생죄악이라 서로 맛나 해로할날이 머럿스이 엇지ᄒ릿

가 익즁이 듯기를 다ᄒ고 틱경질 색왈 오날날 낭ᄌ를맛나 죽어
도 갓치죽고 사라도 갓치 살ᄌᄒ엿더이 이것이 웬말이요 목사
나이 못가나이 가망업시 못가나이 만단설화 다못ᄒ고 간단말이
웬말이요 낭ᄌ 다시 위로왈 낭군님은 과도히

P.72

슬허 말고 텬시를 기다리옵쇼셔 텬명을 어이거역ᄒ오릿가 이별
주를 부어들고 이별곡을 지엇스되 슬푸고 슬푸도다 텬명은 지
중ᄒ고 인정은 가석ᄒ다 일야동침 연분되야 백년 인간이별 되
야분합 창문 반만 열고 동정호 바라보이 호리쌍쌍 원앙새야
너의 연분 부럽도다 만경창파 방을삽고 련엽으로 금침숨고 련
화로 웃을숨고 이리날나 두리쌍쌍 저리떠도 두리동동 소상강
원슝야 너 어듸 울 때 업서 이갓치 슬푼곳에 저리슬피 안ᄌ우노
너우름 슬푼소래 명월고주 나가내와

P.73

일엽편주 채련아도 억만근심 새롭거든 ᄒ물며 이별ᄒ는우리
간장이야 비할듸잇슬소냐 낭군님은 가실때에 한산사를 멀이ᄒ
고 풍교에 배를매고 어화에 듸 할때야 반죵셩 이러나면 낭군님
리별ᄒ온 약한간장 엇지 잠잘소냐 낭군님 가실때에 기러기와
짝을마소 기러기 따라가면 수벽사명 두덕우에 아황녀영 고흔되
야 이십오현 비파소래 월ᄒ에 비겨안ᄌ 억만 근심 푸러낼제
낭군님 리별한 약한간장 아이울고 뉘가우리 게산파무길을 찻고

경수무풍배를 띄와 어룡을 짝을 슴고서 남

P.74
에ᄌ고가소노래를 맛친후에 일흘불견 간ᄃᆡ업는지라 익중이망극ᄒᆞ야 ᄒᆞ날을 우러러 무수히 사례ᄒᆞ고 적적한 방안에 홀노안ᄌ생각ᄒᆞ이 허공ᄒᆞ기 긔지업다 별주한잔 취한술이 몸을 곤케ᄒᆞ야 잡간조으더이 바람소래 때여보이 동방이 발가온ᄃᆡ 바우우에 누엇거늘 망극ᄒᆞ야 이러안ᄌ 탄식왈 헛것한태 홀엿도다 에상몹슬 귀신들은 부귀영화로 사는사람 세상에만컨마는 불상한 유리객을 이지경속이나냐 어제저녁에 죽엇스면 오날 고생 안이할것을 못슬귀신 웬일인고 석상에 도라보

P.75
이 약시봉지 노헛거늘 허황중에 거이ᄒᆞ야 성불성간에 실험이나 ᄒᆞ여보ᄌᄒᆞ고 집으로도라오이라 각설이때 우인이 ᄌ칭호걸이라ᄒᆞ고 남아세상에 낫다가 두고 쓰지못ᄒᆞ면 왕장군의 고집이라 엇지 소호소락을 뜻ᄃᆡ로 못ᄒᆞ리요 서산에 나무를 버혀 남천에 초당짓고 노속 불너 밧갈이고 보라매잡아 길드리고 서산나귀솔질ᄒᆞ야 순금안장 지여두고 오동보판 거문고를 색줄거러 비거안고 남풍가 화답할새 절때가인 엽헤두고 반취반성 누엇스이ᄃᆡ 장부평생행낙이 이뿐이로다 그

P.76

러나 권승상의 부부는 참익중인줄알고 귀즈라ᄒ고 금치못ᄒ더라 익중이 집에 돌아오는길에 청양산 낭즈 보ᄒ에 단여 근촌에 숙소ᄒ고 그잇튼날 평명에 집으로 도라와서 딕문안에 다다르이 우인이 당상에 안잣거늘 약한봉을 띄여보이 우인이 안으로 드러가거늘 마당안에서 또한봉을 띄여보이 방으로 드러가거늘 방문을 열고 드러가 또한봉을 띄여보이 운무즈욱ᄒ고 일월이 희미ᄒ며 벽역성이 홀연이러나며 우인을 잡아내여 벼락치는지라 혼실가권이 황황급급ᄒ여 넉을일코 지척을 분별

P.77

치못ᄒ는지라 홍연 운무가 것고 날이 다시 발가오는지라 살펴보이 우인은 간딕업고 집단을 끄으러노왓거늘 승상과 부인이 그재야 참익중인줄 알고 일희일비ᄒ여왈 ᄒ마트러면 집이 망할뿐 ᄒ엿도다 이럿타시 신기한일이 또잇는가 불상ᄒ다 우리 익중아 그사이 어듸가서 머무럿나 원앙함을 명천이도와 천벌로분석ᄒ이 엇지 영검코 두렵지아이ᄒ릴요 지즈는 막여부라 ᄒ엿스되 헛것을 즈식이라 ᄒ엿스이 이는 우리애즈지정이 박절함이라 황천

P.78

이감동ᄒ사 가사를 다사리이 이는익중의효성이지극함이라 ᄒ시고 무수히발명ᄒ거늘 익중이복지주왈 이것이다 부모님 죄가

아이오 불효ᄌ 익즁의죄로소이다 그간고탁을 낫낫치설화할새 다름아이오라 영쳔농임츈리낭ᄌ죽어 쳔샹에 올나가 션녀되얏 삽더이 샹졔보시고 원앙함을감동ᄒ시와 허수아비를 만드러보 내시고 낭ᄌ로ᄒ야곰 약양루쥭림속으로 보내사 서로만나게 ᄒ 심을 엇지부모님의 허물이라 ᄒ오릿가 소ᄌ는 집을ᄒ직ᄒ고 사해고유리ᄒ여 평초갓치다이옵다가 악양루에가

P.79

서 낭ᄌ를맛ᄂ 여러선관을 무와셩례ᄒ고 아로밤 동침ᄒ옵고 오년후에 아해를 다려가라ᄒ며 약세봉지를 주며왈 집에도라가 서 가화를 다시려 엿찰엿차ᄒ라 ᄒ옵기로 왓나이다 승샹이 이 말을듯고 길겨ᄒ야 각별히 기록ᄒ고 이연유로 가보에 고ᄒ고 일일은빈객을 모와 잔채를 배설ᄒ야 이말을 낫낫치 설화ᄒ이 듯는사람이 뉘안이 칭찬ᄒ리요 잇ᄯ 위낭ᄌ 죽기를 결단ᄒ고 음식을 젼폐ᄒ야 침금을 무릅쓰고 누어 이지안이ᄒ고왈 쳡은 츌쳔지죄인이라 무슴낫으로 낭군님을 듸ᄒ오리까ᄒ거날 익

P.80

즁이 낭ᄌ를 위로왈 이는다 나의 죄악이여 저는 또 집단이라 엇지 몸에 욕이 되리요 낭ᄌ는 늘근부모와 만생을 위ᄒ여 귀톄 를 안보ᄒ옵쇼셔 위낭ᄌ을 치녁여 이러안ᄌ 젼후속은 말을 설 화ᄒ고 질기더라 익즁이 츌립을 젼폐ᄒ고 부모의게 효셩과 친 쳑우애를 돈독히 ᄒ고 샹ᄒ내외화목함이 비할 때 업더라 갈설

세월이 여류ᄒ여 리낭ᄌ와 리별한지 오년이 되얏는지라 익즁이 악야루를 차ᄌ갈새 가ᄌ가ᄌ 어서가ᄌ 약양루를 어서가ᄌ 보고지라보고지라 졍든낭ᄌ보고지라 수진남텬불견운

P.81
ᄒ이 동졍호가 어듸민뇨 십년초수풍림ᄒ에 소상강이 어듸매뇨 오초동남 넓은들에 건곤이가져서라 여러날만에 악양루에 다다르이 쳔상에 해떠러지고 창파에 달떠온다 갱상 일층을 나가이 풍경이히ᄒ거늘 리낭ᄌ를 생각ᄒ여 소식을 기다리더이 홀련히 거문고소래 구름 밧게 온온히 들이거늘 현함을 비겨 ᄌ세히 드르이 그곡조에 ᄒ얏스되 더듸도다 더듸도다 강북에 잇는 낭군 강남에 더듸도다 강남이 머다한들 쳔상에 비할쏘냐 쳔상에 잇는 낭ᄌ 인간에 나렷거든 강북에 잇는 낭군 강남에 더듸도다 쳔상인간

P.82
긔약이라 타인이야 뉘 알쏘냐 거문고 한곡조에 반겨 듯고 루에 나려와 죽림 속으로 드ᄅ가이 낭ᄌ 거문고를 던지고 반겨 마ᄌ 안진후에 그간그리든 졍휘를 듸강 설화ᄒ고 무릅 우에 아해를 올나 안치고왈 배에 세친아해 오년이 지냇스이 부ᄌ상면 ᄒ옵쇼셔 ᄒ거늘 반겨 살펴보이 과연 옥갓흔 얼골이 봉황의 짝이요 세상 사람은 안일너라 아해 낫흘 한태 듸이고 질겨왈 아 부모님은 어이 그리 더듸오신잇가 ᄒ이 익즁이 등을 두다리며 너의

일흠은 무엇이냐 되왈 소주 일흠은 선도이로소이다 익즁이 사
랑함을 이기

P.83

지못ᄒ야 낭주를 무수히 치ᄒ할새 낭주안색을 정재ᄒ고 소래를
나즉이ᄒ야왈 첩은 상제의 명령을밧주와 이곳에 오래 머물지못
할것이이 작별함을 고ᄒ나이다 낭군님은 선동에 다려다가 첩본
듯이 길너내소 낭군님은 선동을다려가오면 부주상의 되건이와
첩은 선동을 보낸후에 뉘로더부러 의지ᄒ리요 슬푸다 부부리별
즁한외에 모주 리별 원일인고 선동아선동아 어미를 생각말고
부친을 따라가서 부되부되 잘잇스라 텬샹에 잇슬때는 아비업는
아해런이 인간에 나려서는 어미업는 아해로다 눈에 슴슴네

P.84

면목과 귀에쟁쟁 네말소래 몽중인들 이즐냐 답답할사 우리선동
아모리 생각ᄒ여도 참아떼고 못가겠네 닷흘 한태되이고 울며왈
젓이나 막죽 한번먹고가라 ᄒ며 눈물이 비오듯 흘너 가슴을
적시는지라 구비구비 싸힌사랑 떼주ᄒ이 절박ᄒ고 명명한 천명
을거역주이 망영ᄒ다 되야청조 소김생도 색기사랑 다아라서
이리할고 저리할내 화림박조 새갬생도 색기사라다아라서 이리
쎄고 저리세고 ᄒ물며우리모주 정곡도 남다르고도 맹낭ᄒ다
ᄒ로안갈한주루와 붓채

P.85

호주루와 작지한개를 주며왈 너는 이것을 가젓다가 급한때당ᄒ 거든 일노써 환을면ᄒ라 이칼은 ᄌ용금이라 던지면 스사로 쓰 는칼이요 이붓채는 풍운선이라 구름을임이로 취산ᄒ는 붓채요 이작지는 비룡장이라 타면 나는 룡이되야 공중을 왕내ᄒ는 작 지라 방신지물이 ᄌ족한지라 또한 편지한장 주며왈 이편지를 영천농임촌 너의 외가에 차저가서 너의 외조부와 외조모를 뵈 옵고 드리라 만일 문이낭ᄌᄒ면 옥낭목의환을당할것이

P.86

이 슴가조심ᄒ라 ᄒ고 너의 외조부모 내외분을모셔다가 너와함 께 게시게ᄒ라 선동을어루만지며 참아 떠나지못ᄒ야 섯다가 안젓다가 ᄒ는양은 참아보지 못할너라 선동 모친의 목을 안고 두발을 구르며왈 어머님 가시지마소 어머님 보고저워 어이살리 오 부듸부듸가지마소 낭ᄌ할 업서 거짓말내여 왈 래일저녁에 다시오마 염려말고 잘가거라 천샹에 올나가서 안긔생듸초화 서왕모의텬도복숭아 한치마 홀러다가 만히만히갓다주마 부듸 부듸 잘가거라

P.87

잠실성에 누에노와 부샹에 뽕을먹여 약지에 올여다가 직녀에 베틀에서 월ᄒ에 짜아내야 은ᄒ수 엣시처다가 항아의 도침으로 어름갓치 다듬어서 팔선녀의 조흔침ᄌ로서 너의윗옷 너의바지

만히만히 지어다가 물물리 너를주마 조히 잘가거라 낭군님은
어린선동 다려다가 부딕부딕 잘기르소 ᄌ다가도 나를찻고 놀다
가도나를찻네 날차질때 잇들낭 안아주고 업어주소 목마르다
ᄒ거들낭 물이라도 ᄌ조주며 배곱푸다ᄒ거들낭 밥이라도 ᄌ조
주소 샹

P.88
할시라 병들시라 ᄌ다가도 만저보소 멀고먼 강남길에 어린선동
압세우고 찬찬히쉬여가소 순이 망극ᄒ야 공중을향ᄒ야 재배왈
어머님은 불효ᄌ 선동을 생각지마르시고 천금갓흔 귀체를 안보
ᄒ옵쇼셔ᄒ더라 익중이 선동을다리고 기주로 향할새 악양루야
잘잇거라 동정호 언재볼고 소상강 럴넌건너 반죽셤을 건넌후에
낙는봉 바라보이 고향산천 에딕매뇨 화주를 지낸후에 금능을
다다라서 숙

P.89
소ᄒ고 잇흔날 발행ᄒ야 회기을 건너 기주땅을 다다르이 숙면
산천 여긔로다 선동이 비록 오세 유아나 긔골이 웅장ᄒ야 행보
를 어른에서 다름이 업더라 집으로 도라와서 승상과 부인때
현알ᄒ이 승상과부인이 낭ᄌ를 생각ᄒ이 일변은 슬푸고 선동을
보이 일변은 사랑ᄒ야 선동을 서로안고 체읍왈 네어미 잘잇나
냐 차소위고목에 생화로다 질겁고 사랑함을 이기지 못ᄒ더라
선동이 또위낭ᄌ의게 공순 절ᄒ고왈 어머님 긔톄 안녕ᄒ옵신잇

가 위낭

P.90
즈 또한 사랑ᄒ야 생즌에서 다름이 업더라 일일은 선동이 부모의게 청ᄒ여왈 외가에 가보사이다 ᄒ거늘 익즁이 즉시 선동을 다리고 영쳔농임촌으로 행ᄒ이라 각설잇ᄯᅥ 리승상과 장부인 낭즈죽은후로 별당에 낭즈 화상을 그려붓치고 설매로 시위ᄒ야 왈 불상 원통ᄒ다 우리춘화 살아오게 ᄒ여주소 선녀게 ᄒ여주소ᄒ더이 일일은 화샹의 빗치 황홀ᄒ며 희색이 잇는듯ᄒ거늘 승상과부인이 괴이히넉이더이 맛참 권낭이 한아해를 다리고 들어오거늘

P.91
승상내외 권낭을보고 경희ᄒ여왈 서랑은 엇지그리 소식조차돈 졀ᄒ뇨 안모리 망쳐쳐가기로 늙은사람을 그다지 바리는냐 비회를 금치못ᄒ며 설워ᄒ거늘 익즁이 다시 ᄭ울어안져왈 말ᄉᆞᆷ이쳡쳡ᄒ오이 차래로 드르쇼셔 ᄒ고 선동으로ᄒ여곰 졀ᄒ고왈 외손즈를 ᄯᅡ님갓치 보옵쇼셔ᄒ이 승상과 부인이 탄식왈 ᄯᅡᆯ업는시라 이엇지 외손즈가 잇슬이요 필연위씨의 소생이로다ᄒ신ᄃᆡ 선동이 낭즈편지를 을이고 젼후사열을 고한ᄃᆡ 승상과부인이 편지를 바다 ᄯᅴ어보이

P.92

ᄒ엿스되 불효한녀셕춘화는가군과ᄌ식선동편에무궁한원졍을 부모님젼에올이나이다죽어쳔샹에올나가션여되엿삽더이명쳔이지시ᄒ사가군을맛나일ᄌ를생산ᄒ고일흠은선동이라텬샹에서오년을길너내야가군을딸아보내오이 복망부모님은불샹한선동을소녀보듯이보옵쇼셔 다시볼긔약은명텬에달엿스이 엇지 밀이말ᄉᆷᄒ오릿가 내외분긔체후만세안보ᄒ옵쇼셔ᄒ엿더라 ᄌᄌ획획이살펴보이 춘화의 필젹이 분명한지라 그제

P.93

야 션동을안고 울며왈 션동아션동아 너의어미는 어ᄃᆡ두고 넛혼ᄌ왓나냐 젼후를 살펴보이 어미모습 완연ᄒ다 사랑ᄒ고 슬흔마음을 측양치 못할너라 권냥이 가장 집물을 촌인의게 분급ᄒ고 승샹과부인을 모시고 기쥬로 돌아오이라 일일은 션동이 익즁의게고ᄒ여왈 이일이 소문나면 필연옥낭목의 화를 ᄐᆞ입을것이이 밀이 조쳐ᄒ사이다 소ᄌ왈 즉 듯사오이 남해ᄃᆡ인도라 ᄒ는섬은 경셩이수쳔리요 또한 산수졀샹승ᄒ다ᄒ오이 가히 피화함즉ᄒ여이다 ᄒ이익

P.94

즁이 올히녁여 양가 가권을 봉솔ᄒ야 ᄃᆡ인도로 간이라 각셜이 때 옥낭목이 익즁의 여차여차ᄒ단 말을듯고 황제께주왈 리승샹과 진이 거짓허망함을 ᄭᅬᄒ야 황명을거역ᄒ옵고 권승샹아들과

정혼ᄒ야 ᄌ식세지두엇다ᄒ오이 이러할진댄 엇지 세상에 법이 잇다ᄒ오릿가 황제 들의시고 되로ᄒ사 즉시 기주ᄌ사와 영천태수를 명ᄒ야 리승상과진과 권승상양옥을 경성으로 결박착상ᄒ라 ᄒ신되 ᄌ사와태수 청명ᄒ고 즉시 군사를 발ᄒ야 과진과 양옥의 집을

P.95
둘느사고 본즉 발서도망ᄒ고 업는지라 ᄌ사와 태수 이연유를주달ᄒ이 황제보시고 더욱진노ᄒ사 각도열읍에 패문ᄒ야왈 과진과 양옥을 잡아밧치는재 잇스면 즁상을 주리라 ᄒ시더라 잇ᄯᅥ 선동이 되인도에들어가서 재조를 시험할새 육도풍운과 슴약조화를 배우지안이ᄒ여도 무불통지ᄒ는지라 신모한술법은 옛날 손빈 오긔도 밋지못할녀라 잇ᄯᅥ익즁이 도연명의 본을바다 후원에솔시무기와 동산에 국화케기를 일슴을새 별호를

P.96
국ᄉ라ᄒ시더라 일일은 선동이 국사의게 고ᄒ여왈 세월이여류ᄒ야 소ᄌ의 나히 십칠세되엿사오이 세상에 나가 산천을 구경화고 청영산에 가서 어머님산소에 성묘ᄒ고 도라오리이다한되 국사 이말을듯고 되경왈 이러타 시험한세상에 어되를 밋고 내여보내리요 그런 미거한 말을말고 공부나 힘쎠라 ᄒ시거늘 선동이누차 고ᄒ이 국사 못내 허락ᄒ이더라 잇ᄯᅥ 선동이 되인도 떠나면서 맹서를 석상에 붓처쓰되 불보원수ᄒ면 불환차 ᄒ리라

ᄒ엿스이 그글뜻은 시

P.97
승이나가 원수를 갑치못ᄒ면 다시 딕인도에 드러오지안이ᄒ리라 함이더라 딕해랄 건너 한곳에 다다르이 인가가 총총ᄒ고 행인이 무수히 왕내ᄒ는지라 선동이 한사람을 맛나 물어가로딕 여기서 영천이 얼마나된나인가 그사람이 가로딕 여기서 영천이 슴천칠백구십리로소이다 선동이 먼저 영천으로 향ᄒ이라 여러날 만에 영천청양산을 차ᄌ가이 잇씩는 춘슴월 망간이라 낙화는 적적ᄒ고 방초이 처처한딕 두견은 슬피울고 연ᄌ는 나라든다 선동이 슬

P.98
품을 이기지못ᄒ야 밤을 지내더이 이날밤에 산조는 게게짓고 송풍은 슬슬한딕 모친을 생각ᄒ야 눈물로 밤을지내더라 비몽사몽간에 낭ᄌ와서 선동을 어루만지며왈 선동아 선동아 무슴 잠을 이다지 깁히ᄌ나냐ᄒ며 거문고 ᄒ나를 주며왈 이거문고를 가지고 서주월성촌으로 차저가서 진정위댁 셋선녀를 만나 인연맺고 경성으로 올나가서 옥낭목의 원수를 갑푸라ᄒ거늘 선동이 놀나깨어보이 침슴 편시춘몽이라 섭섭한 마음으로 다

P.99
시즘을 이루지 못ᄒ더라 원촌에 닭이울고 서산에 월낙ᄒ야 동

방이 발가오거늘 모친묘ᄒᆞ에 재배ᄒᆞ직ᄒᆞ고보이 꿈에 주든 거문 고노혓거늘 신긔ᄒᆞ야 행장에간수ᄒᆞ고 서주로 향할세 일모도궁 ᄒᆞ야 장능 디련못가에 밤을 지낼새 이날밤 슴경에 못물이 띄누우며 운무 ᄌᆞ욱ᄒᆞ며 무슴소래 산악이 문어지는듯 ᄒᆞ거늘 선동이 고이히녁여 살펴보이 한말이 굽을치고 소래를 질르며 달여오거늘 선동이 급히 달여드로 갈세를 붓드러타고 달이며 시험

P.100

ᄒᆞ이 초픽왕의 오초마와 관운장의 적토마인들 여기서 더할쏘냐 선동이 천리마 준총을 어더타고 서주월성춘을 차ᄌᆞ가더이 촌전 주점에 드러가 주인을 불너문왈 진정위댁에 접빈을 잘ᄒᆞ는가한 디 주인왈 정위댁 객실은 정결ᄒᆞ오나 위무주장이라 유ᄒᆞ는손님은오면 고적ᄒᆞ오이다 선동이 또문왈 정위는 어디개시건디 주장이업나뇨 주인이 디왈 정위는 수만리 적소에 세시옵고 내당에 부인과 셋낭ᄌᆞ와 시비뿐이로소이다 또문왈 소저 슴인은 형제간

P.101

되나냐 주인왈 한소저는 정위댁따님이요 또 한소저나 강도독댁 따님이요 또한소저는 정숙녹댁따님이요 그러나 양소저는 의지할곳업서 정위댁에와서 지체ᄒᆞ나이다히이라 선동이 내렴에 무슴곡절이 잇도다ᄒᆞ고 정위댁 개식에 숙소차로드러가이 시비나와문왈 공ᄌᆞ님은 어디 게시관디 이누지에 오신잇가한디 선동이 답왈 나는천지무가객일너이 마참 이촌전을지내다가 일모도궁

ᄒ야ᄒ로밤 쉬여가려고 드러왓노라ᄒ이 시비 듯고내당에 드러가고한되 외당에 엇더한 공ᄌ왓쓰

P.102

되 시상사람안이요 곳 옥경선관의 짝일너라ᄒ더라 선동이 석반을 먹은후에 전일몽사를 생각ᄒ이 거문고주신 것은 필연 이댁소저의게 인연매져라고주섯도다 위선 시험이나 ᄒ여보ᄌᄒ고 영창을 반개ᄒ고 월ᄒ에 단좌ᄒ여 거문고를 비겨안고 ᄌ탄곡을 슬피타이그곡조 청아ᄒ여 텬궁에 들이는지라 잇ᄯᅥ 슴소저 거문고소래듯고 외당에나와 문틈으로 엿볼새 그공ᄌ 과연 선풍도골이요 세상 사람안이더라 잇ᄯᅥ 선동이 거문고줄을 다시골나 봉구황 곡조

P.103

를탈시 이곡조는 옛날 사마샹여 탁문군을 달내는 곡조라 타인이야 엇지알이요 슴낭ᄌ 이곡조를듯고 별당으로 도라와 서로도라보며왈 외당에공ᄌ가 범상한 사람이안이로다ᄒ고 슴낭ᄌ서안을비겨 잠간조우더이 비몽사몽간에 ᄒ날로한선관이나려와 이르되 외당에 너의 비필이왓스이 쳔연을 어거지말나ᄒ고 구름을타고공중으로 올나가거늘 때여보이 침상일몽이라 이러안저 몽사를 설화ᄒ이 슴낭이 다동몽이라 전일 슴낭ᄌ 한가장 섬기기를 언약

P.104
ᄒ엿더이 또한 굼을드르매 더욱 비샹히 녁기더라 잇씨 선도이 거문고를 끗치고 안으로 무슴 소식이 잇슬가 기다리더이 안으로글소래 들이거늘 서차히 드러보이 시전 포매장을 외오거늘 포매장이라 ᄒ는글은 강포의게 욕됨을 슬허ᄒ야 혼인가절 어진 가정을구함이라 봉구황 곡조를듯고 흑강포한마음을가 염여ᄒ야 포매장을 화답ᄒ야 외당에 들이게ᄒ는지라 선동이 또한 관저장을 외울새 그 글뜻은 소저작을 구함이라 그러할새 밤이 거이 깁헛는지라 인적이고요

P.105
ᄒ거늘 선동이 후원별당이 드러간이 싯낭ᄌ 서로 정좌ᄒ엿거늘 선동이 염치를 무릅스고 인사를 청한디 진장ᄌ 변색디질왈 엇더한장부건디 이깁푼범에 내당에드러와 규중처ᄌ를 능낙코저 ᄒ는다 급히나가 신명보존ᄒ라 ᄒ는소래 옥반을 때치는듯 ᄒ더라 선동이 다시 달내여왈 소새은 기주권승상의 손ᄌ요 영천리승사의외손이라 생의 모친이 옥낭목의 화를만나 ᄌ결ᄒ야 세상을 바리시고 원혼이 지극ᄒ야 텬사의 선녀되여 살다가 상제의 명령을밧ᄌ와 악양루에 나

P.106
려와서 소새의 부친과 일야상봉 연분되야 소생을 텬상에서 생산ᄒ야 오년을 ᄌ라나서 인간에 나려와 딕인도 섬중에 지쳇사

옵다가 옥낭목의 불공딕쳔지원수를 갑고즈ᄒᆞ야 경서으로 행ᄒᆞ
옵다가 모야몽즁에 생의 모친이 와서 이르딕 서주땅 월성땅
진성위댁에 슴선녀 맛나 인연을 맷고 가라ᄒᆞ시옵기로 이곳에
왓스이 이는 텬생배필과 모친의 유훈이라 낭즈는 의심치마시고
빙설갓흔 절개를 간간굽혀 백년언약을 졍ᄒᆞ게 ᄒᆞ쇼셔 한딕 슘
소저 묵연양구에 또한

P.107
몽사을 싱각ᄒᆞ이 막비텬연이라 또한 사제급ᄒᆞ이 엇지면ᄒᆞ리요
진소저 소래를 나직히ᄒᆞ여왈 첩등슘인도 역시 옥낭목의원수라
규즁쳐즈로 아직 원수를 갑지못ᄒᆞ여 심사절절ᄒᆞ옵더이 오날밤
에 텬우신조ᄒᆞ야 공즈를 맛나오이 이는 득의지추라 그러나 사
부인의 즈녀로 엇지 유장쳔혈지행을 ᄒᆞ오릿가 도라가 매즈를
모내여 육례로써 맛나기를바라나이다 선동이 다시애걸왈 소생
은망명한 사람이라 무운종적이오이 엇지 매즈를보내리오 거문
고가매즈되고

P.108
만날몽즈연분이라 낭즈는 송죽갓흔 절기를 굽히쇼셔 진낭즈홀
일업서 팔즈청산 고운아미 나직허이ᄒᆞ고 호치반개ᄒᆞ야 강낭즈
를도라보아왈 이일을 어이ᄒᆞ리요 강낭즈 월태화용을 누우며왈
쳔인지낙낙이 일시지악악만갓지못ᄒᆞ오이 낭즈 소견딕로ᄒᆞ쇼
셔 진낭즈 또한 졍낭즈로보며왈 졍낭즈 소견은 엇더ᄒᆞ뇨 졍즈

낭 또한 수긔를먹음고 촉불을 등지고 안지며왈 슘인지언이 필종이인지언이라ᄒ지 두낭ᄌ 뜻ᄃᆡ로 ᄒ옵쇼셔한ᄃᆡ 진소저왈 규중처녀로서 엇지

P.109
부모의 명을 기다리지안코 임의처단ᄒ리오마는 두소저나네게 밀우고 말ᄒ지안이ᄒ이 필연 텬연을 거역지못함이라ᄒ고 이날 밤에 부부지의를 굿게뎡할새 선동이 무엇을 신물로 표ᄒ리요 진낭ᄌ의게는 ᄌ용금을주고 강낭ᄌ의게는 비룡장을주고 정낭ᄌ의게는 풍운선을주면서왈 이것으로 부부지신을 바드쇼셔 세 낭ᄌ다시이이러한저 공순히 바든후에 각각신물노 화답할새 진낭ᄌ는 또는 한칼을 주며왈 이칼은 옛날에 예양이 조양ᄌ의 원수를갑든비수금이라 낭군

P.110
님은 가젓다가 낭목의 원수를 갑흐쇼셔 진낭ᄌ는 갑옷한벌을 주면서왈 이갑옷은 우리부친이 서역국을처서 흉노를 버히시고 도라오실때에 가지고오신 갑옷이라 얼기는 명주갓고 부들업기는양호와 갓고 낭중에 감직ᄒ여도 비좁지안코 불에 들어도 타지안코 물에 들어도 물이뭇지아이ᄒ이 일흠은 낭중갑옷이라 낭군님은 가젓

P.111

다가 옥낭목의 원수를갑흐쇼셔 정낭즈는 철퇴를 주며왈 이철퇴는 옛날 장즈방이 박랑사중에 진시황치든 철퇴이오이 낭군님은 이철퇴를 가젓다가 옥낭목의 원수를 갑흐쇼셔 ᄒ거늘 선동이신물을 바든후에 슘낭즈의게 문왈 슘낭즈의 년광은 일마오며 무슘일노 이곳에 슘인이 동거ᄒ나잇가 슘낭즈 각각 정회를설화할새 진낭즈딕왈 년광은 다십육세동갑이요 첩의 부친은 정위벼슬을ᄒ옵다가 옥낭목의 참소를 맛나 수만리 강호에 적소로기시오 이 실ᄒ에 다만불초녀 나뿐이라 낭목의 원수를 엇지갑흐리요 강낭즈왈 첩의 부친은 도독벼살ᄒ옵다가 낭목의 참소를맛나 수만리해도중으로 함고종신정배되엿스

P.112

이 할 일업서 가권을 거나리고 가더이 부친이 전일 진정위친ᄒ심으로 첩을맛겨두고 갓사오이 엇지ᄒ야 낭목의 원수를 갑흐릿가 정낭즈또한 한심짓고 눈물을 흘려왈 첩의 경과 더욱 참혹ᄒ여이다 첩의 부친은 숙녹딕부 벼살ᄒ옵다가 옥낭목이 강직함을 시긔ᄒ여 황제게 고ᄒ여왈 정숙녹은 딕인이라 총ᄒ수를 배ᄒ와 번방을 두호ᄒ게 ᄒ옵쇼셔한딕 황제 을히녁여 총ᄒ수를배ᄒ신딕 총ᄒ수라 ᄒ는땅은 수로로 수천리라 부친이 가권을 다리고

P.113

총ᄒ수로 가실새 낭목이 중노에 도적을 보내여 부친과 가권을

물에 장넛코 재물을 탈취ᄒ여 갈새 첩은 련해으로 물밧게 ᄌ연
밀녀나와 사방을 살펴보이 물결은 ᄒ날에 다흔듯ᄒ고 부모님은
수중고혼이 되얏는지라 망극ᄒ야 부모님을 부르면서 땅을 뚜다
리며 종일토록 안ᄌ우이 죽은 부모어이오며 어느 사람위로ᄒ리
갈바를 알지 못ᄒ야 종모지모 이곳에 이르러 이곳에 지체ᄒ오
이 엇지ᄒ야 낭목의 원수를 갑흐리요 선동이 갈아듸 우리네
사람이 원수는 다 삭흔지라 설마 ᄒ날인들 무심ᄒ리요 ᄒ더라
그러구러 계명성이

P.114

이러나며 인적이 왕내ᄒ거늘 선동이 슴낭ᄌ를 연연히작별ᄒ고
외당에 나와 조반후에 시비를불너 떠나노라ᄒ고 즉시 떠나갈새
슴낭ᄌ나와 외당문틈으로 가는 거동을 살펴보이 옥모동ᄌ가
룡총을 타고 추파에 채를들어 비조갓치 희롱ᄒ이 말굽에는 사
석이이러나며 안개되고 말갈기는 바람부러 구름을 헛치는지라
서로도라보며왈 얼골보고 일홈짓는다ᄒ더이 과연 천상 선동이
로다 그러나 진정위부인은 저간사를 모르고 선동이 가는 거동
을 보고 탄식ᄒ여왈 세상에

P.115

영준이로다 저러한 사람을 택시ᄒ야 녀아종신되사를 부탁ᄒ엿
스면 이재 죽어도 눈을 감으련만은 엇지 세상사를 인력으로
ᄒ리요ᄒ더라 각설잇쩌 옥낭목이 국권을 잡아 텬ᄒ를 흔드는지

라 황제 낭목으 뽁해왕을 봉ᄒ신디 낭목이 한갓 권세만밋고 십년을 조공 안이ᄒ되 조정에서는 신ᄒ 감히 밀ᄒ리요 낭목이 반의를두고 북흉노와 교통ᄒ야 디국을 침범할새 초조한장수와 막막한강변이 구름 듯ᄒ는지라 호장에 굴동이 ᄉ형제는

P.116
범갓흔장수요 조화ᄂ칙이라 세상에 뉘능히당ᄒ리요 그남은 장수는 불가승수라 행군할새 디장은 굴돌이요 아장은 귀돌이요 선봉장은 가돌이요 중군장은 설몽이요 수문장을 리형디요 후군장은 마웅이요 보졸장은 울덕이라 염영수속히 건너 디국북영관에 다다르이 긔치장금은 일월을 희롱ᄒ고 고각함성은 텬지진동ᄒ는지라 북영관장수를버히고 군량군긔를 탈취ᄒ야 원주에 다다라 원주차사를버히고 원성을함성ᄒ고 산해도웅거ᄒ이 의

P.117
긔양양ᄒ더라 산해관별장이 장계를 황제때 올이는지라 황재를 급히 떼여보이 그글에 ᄒ엿스되 옥낭목이 북흉노와 교통ᄒ여 디국을 침범ᄒ여 변방ᄉ주를 치고 ᄉ정여성단을 함성ᄒ고 물미 듯드리오이 복원 황제는 급히장수를 보내여 도적을 막으쇼셔 ᄒ엿거늘 황데 견필에 디경ᄒ사 세신을 모와 방적할 의론을 할새 잇ᄯ는 임이 옥낭목이 득세한후라 충신은 다 ᄌ퇴ᄒ고 소인만 남엇는지라 옥낭목이 반ᄒ엿단 말을듯고 혹도망ᄒ고 혹칭병ᄒ여

P.118

딕적할재 업는지라 황제 좌불안석ᄒᆞ야 칼을빼여 서안을치며왈 제신중에 옥낭목의 머리를버히여 짐의 근심을 덜게ᄒᆞ면 강산을 반분ᄒᆞ리라 ᄒ신ᄃᆡ 좌장군 홍철이출반주왈 신이 비록 재조업사오나 만벼을 중군ᄒᆞ야 주옵시면 낭목을 잡아 평ᄒ의 근심을 덜가ᄒᆞ나이다 황제 질겨ᄒᆞ사 오만벼을 중군ᄒᆞ야 주시이라 잇ᄃᆡ에 홍철이 군사ᄅᆞ 거나리고 산해관에 가서 낭목의게 항복ᄒᆞ여왈 신이ᄃᆡ왕의 ᄃᆡ군행차를 기다렷삽드이

P.119

황상을 속이옵고 오만병을 어더왓사오이 신이 비록 재조업사오나 ᄃᆡ왕을 섬기여 ᄃᆡ공을 일울가ᄒᆞ나이다 ᄒ거늘 낭목이 홍철의병마를 어드매 더욱 승세ᄒᆞ여 즉시 행군ᄒᆞ여 강능지경에 다다르이 강능태수 황제의게 장게를 올이거늘 황제 즉시 떼어여 보이 ᄒᆞ엿스되 좌장군 홍철은 폐ᄒᆞ를 속이옵고 오만방을 거나리고 낭목의게 갓사오이 호적형세가 장금ᄒᆞ오이 복원 황제는 급히도적을 막으쇼셔ᄒᆞ엿거늘 황제보시고 ᄃᆡ로ᄒᆞ사 십만ᄃᆡ병을 모

P.120

와 거나리시고 우장군 형덕으로 아장을슴고 정서장군 정위돌로 중장을 슴고 ᄒ동태수 왕덕으로 보졸장을 슴고 수문장 변숙으로 선봉장을 슴아 외상에 유진ᄒᆞ고 적병을 ᄃᆡ진할새 평명에

디장기치를 세우고 선봉장 변숙이 장창을 눕히들고 호진을 바라보며 외여왈 너가튼 오랑캐놈아 낭목을 부동ᄒ야 디국을 침범ᄒ이 엇지틸리가 무심ᄒ리요 빨이나와 디적ᄒ리ᄒ이 울덕이 응셩왈 어린아희 변숙은 부지럽시 접전말고 목을

P.121

들어 나의 칼을 바드라 ᄒ며 달여들어 양장이 접전할새 변숙의 칼이 번듯ᄒ며 호장의 머리 마ᄒ떠러지는지라 변숙이 창끗헤 꾸여들고 진중에 횡행ᄒ이 호장 홍덕이나와 디전할새 말을 채질ᄒ고 칼춤추며 달여드는지라 수십여합에 호장의 칼이 번듯ᄒ며 변숙의 머러 떠러지이 호장이 좌충우돌ᄒ며왈 적국장수 몃치나 되나뇨 다함께 이와디전ᄒ여 나의 용맹을 보라ᄒ거늘 보졸장 왕덕이 분함을 이기지못ᄒ야 디답도 안이ᄒ고 이를 갈며 말을 달여

P.122

적장으로 더부러 단병접전할새 용맹과 날램은 비호와 갓흔지라 수심여합에 승부를 결단치 못ᄒ다가 왕덕이 마ᄒ에 떠러지는지라 호장이 의기야양ᄒ야 당적ᄒ리 업는지라 우형덕이 츌마디전할새 황제 우형덕의 손을잡고 가라사디 짐이 군중에 밋는 장수 그디뿐이이 부디 슴가 조심ᄒ야 적진을 파ᄒ고 짐의 근심을 덜게ᄒ라ᄒ신디 우형덕이 청명ᄒ고 말게 놉히안ᄌ 호진을 향ᄒ야왈 적장은 드르라 너의 약가 노략함을 개도적질과 쥐도적질

노 아랏드이 오날날 이다지 범남ᄒᆡ이 엇지 세상에

P.123

살려두리요 언파에 칼을들어 호장을 버히고 횡행ᄒᆞ이 호장 설몽이 츌마듸전할새 칼을 팔척이요 소래는 우뢰갓흔지라 수슙번 진퇴에 양장군을 분별치 못ᄒᆞ드이 또금광이 빗나며 우형덕의 머리떠러지는지라 호장이 승세ᄒᆞ여 크게 외여왈 적군장수 뉘능히나를 당ᄒᆞ리요 황제 인차ᄒᆞ지못함으로 텬ᄒᆞ인심이모다 북해왕의게 도라가매 차역텬수라 황제는 텬시를 어기지말고 밧비 항서를올이라ᄒᆞ거늘 그남은 장수는 황황ᄒᆞ여 갈바를 아지못

P.124

ᄒᆞ는지라 황제 ᄒᆞ날을 우러러탄식왈 짐이 텬명을 밧ᄌᆞ와 종묘사직을 밧엇드이 혼망한치질이불승기임ᄒᆞ야 츙신과 간신을분별치 못ᄒᆞ엿드이 낭목의게 견모한바되얏스이 엇지 절통 치안이ᄒᆞ리요 어느 신ᄒᆞ라도 낭목의 머리를 버히여 짐의 근심을 덜리요 ᄒᆞ신듸 좌승상이 돈수복지주왈 차막비국운이로소이다 텬시가 불행함이이 백모로 생각ᄒᆞ여도 교서를 적진에 보내여 낭목으로 더브러 텬ᄒᆞ를 반분ᄒᆞ여 화친함만 갓지못ᄒᆞ다ᄒᆞ이 황제마지 못ᄒᆞ야 교서

P.125

를 낭목의게전ᄒᆞ듸 낭목이 교서를 밧ᄌᆞ와보고 즁원이 사직을안

보함은 다과인의덕이로소이다 황제는시위쇼찬이라 텬ㅎ인심이 다 과인의게 도라옴이여수쳐ㅎ라 이는 텬명을 좃치리이 엇지교서를 사행ㅎ리요ㅎ고 승전고를 울이며 듸전함을 쳥ㅎ이 황제아모리할바를몰나 땀이나 용포을적시는지라 각설잇써 션동이황성으로 행ㅎ다가 옥낭목이 반ㅎ야 듸국을 침범ㅎ야 지금 황제친히 긔병ㅎ셧다는 말을듯고 듸진을 차저갈새 아날 산상에 올나 듸국진세와

P.126
적진을 바라보드이 사세 가장급한지라 분기등등ㅎ야 오초마를 급히타고 좌수에 철퇴를들고 몸에는 낭중갑을 입고 우릐갓흔 쇼래를 텬동갓치르며 적진중에 달려가이 사석이 날이고 기치가 부러지고 동에가 번 듯 서장을 버히고 서에 번 듯 동장을 버히고 남에가 번 듯 불장을 버히고고 북에가번듯 남장을 버히고 좌충우돌ㅎ이 호진장졸이 눈을 뜨지 못ㅎ고 말펴 죽는재 부지기수라 낭목과 북흉노 듸경ㅎ야 일으되 즁슈 멧치나 되나뇨 동서남북에 모도금광이라 이즁슈 칼쓰는법은 흑운즁텬에 번개갓(126면)

P.127
흔지라 징을처 퇴진ㅎ야 명일 군ᄉᆞ르 가다듬어 접전ㅎ리라ㅎ고 징을치거늘 선동이 듸국진으로 도라올시 황제 즁듸에올나 선동 싸홈을 보시고 경희ㅎ야 가라ᄉᆞ듸 짐이 혼암ㅎ야 간신의기 속

아 ᄉ직의 위틱흠이 경각에 잇ᄃ이 명텬이 지시ᄒᄉ 눈ᄃ업는 만고명중을보내여 위틱흠을 크기면케ᄒ이 아지못기라 즁군은 필연텬신이요 인간즁슈는안이로다 ᄒ시고 못내칭찬ᄒ시이 션동이복지주왈 쇼신은 기주 권승ᄉ의 손즈선동이옵ᄃ이 낭목의 화를피ᄒ야 ᄃ인도섬 즁에 들어가 망

P.128
명ᄒ옵다가 낭목의 불공ᄃ천지원수를 갑고저ᄒ야 왓삽ᄃ이 황상의 ᄉ세가 즁급ᄒ옴에 폐ᄒ의 명령을 기다리지 못ᄒ압고 애젼ᄒ얏ᄉ오이 죄를쳥ᄒ옵나이다 ᄒᄃ 황졔 친히 당ᄒ에 나려와 선동을 영졉ᄒ여 당상에 안치고 손을잡고 구구ᄒ 발명과 졀졀 이쾌ᄒ심을 칭찬ᄒ여왈 즁군을 오날날 이래ᄃᄒ이 도로혀 부끄럽도다 이것이 다 짐의허물이라 ᄒ해갓흔 도량으로 짐의 불민ᄒ바를 다 이져바리고 힘을 다ᄒ여 ᄃ공을 이루기ᄒ라 ᄒ시고 ᄃ즁단을모와 ᄃ원수를 봉할ᄉ ᄃ즁긔

P.129
를서되 황금ᄃ즈로 ᄃ국츙신ᄃ원수 권선동이라ᄒ엿ᄃ로 호진 즁죵이 ᄃ즁긔를 바라보고 낭목의 기고흔ᄃ 낭목이왈 선동이 아모 리지조잇슨들 우리ᄃ즁 ᄉ형졔를 당ᄒ리요 그러나 졔즁은 ᄉ가죠심ᄒ라 호즁가돌이 츌반주왈 쇼즁이 흔번 북쳐 선동의머리를버혀 ᄃ왕의 휘ᄒ에 밧치리라ᄒ고 군즁에 호령왈 땅을수십 길파고 셥과 가시를 좌우에 싸고 화약염초 쇠무리를 뭇고 동방

기는 서방기를 응ᄒ고 남방기는북방기를 응ᄒ여 내 가짓거패ᄒ
야 다라오면 선동이 따라올것이이 방포일성에 불을

P.130

지르라ᄒ고 가돌이 진전에나와 횡행ᄒ며 외여왈 어린선동아
너는 어른을 마ᄌᆞ호려ᄒᆞ이 ᄒ로강아지 맹호를 모르는격이로
다 ᄒ거늘 선동이 응성출마ᄒ여왈 오날은 나의ᄌᆡ조를시험코저
ᄒᆞ이 너의 ᄌᆞ슈잇는ᄃᆡ로 싸호ᄌᆞᄒ며 두ᄌᆞᆼ슈 접전할시 양호공투
지상이라 슴십여합에 승부을 결단치 못ᄒ더이 가돌이 거짓패ᄒ
여 호진으로 다라가거늘 선동이 호진진세를잠간보이 주작기를
바람에응ᄒ여 세윗스이 필연화진할꺼라 그러나 나의갑옷은 불
을당ᄒ면 드욱나래를 엇

P.131

는듯ᄒ지라 엇지 불을 두려ᄒ리요 거짓가돌이 꾀에 속ᄂᆞᆫ체ᄒ고
말을 달여 따라가이 주작기가 변ᄒ야 백호기가 응ᄒ더이 방포
일성이 이러나며 불꼿치 좌우에이러나고 소래는 ᄒ날이문어지
는 듯 땅이뒤집는ᄒ거늘 선동이 불꼿이러나는ᄃᆡ로 바람이부는
ᄃᆡ로 몸을 날이여 슴척ᄌᆞᆼ금과 오십근철퇴를들고 좌우호ᄌᆞᆼ을풀
비듯 버혀드러가이 가돌이 넉을일코 감바를 아지못ᄒ더이 도로
혀 불노 다라나다가 업더져 죽는지라 선동이 의기양양ᄒ야 본
진으로도라

P.132

와 횡행ᄒᆞ이 낭목이 선동의 ᄌᆡ조를보고 낙심ᄒᆞ여왈 선동이 필연귀신이요 ᄉᆞ람은 아이로다 불에도 죽지 아이ᄒᆞ이 엇지ᄒᆞ야 선동을잡으리요 ᄒᆞ이 가돌이 가돌의 죽음을듯고 분홈을 이기지 못ᄒᆞ여왈 소즁이 선동을 ᄉᆞ로잡아 ᄃᆡ왕의 근심을 덜고 또ᄒᆞᆫ 아우의 원수를 갑흐리라 ᄒᆞ고 계교를 행할ᄉᆡ 불에 리홈은 물에 리치 못ᄒᆞ오이 오날은 수전으로 선동을 잡으리라ᄒᆞ고 즉시 전선수만척을 위수에 ᄯᅦ와놋코 가돌이 남동ᄉᆞ구진기로 오행을 버럿ᄂᆞᆫᄃᆡ 전고를올이며 행선할

P.133

ᄉᆡ 비는 천리에ᄲᅢᆺ처잇고 창금은 일월을 희롱ᄒᆞ이 비조라도 날내지못할너라 가돌이 군즁에 호령ᄒᆞ여왈 오날은 진을 치되 어유진이라 고기노는 형상이라 선동으로 더부러 ᄃᆡ진할ᄉᆡ 머리를 흔들면 꼬리로 응ᄒᆞ고 꼬리를 흔들면 머리로 ᄃᆡ응ᄒᆞ여 일시에 외와싸면 잡으리라 ᄒᆞ고 접전할ᄉᆡ 선동이 만경창파에 일엽푼주를 달고 적진을 향ᄒᆞ여 드러가이 적진즁졸이 바래고보고 외여왈 선동이ᄒᆞᆺ갓 날냄만 밋고 남의 ᄃᆡ진에 일엽편주로 ᄃᆡ진ᄒᆞ이 엇지 가소롭지안이ᄒᆞ리요 백호기를 들여

P.134

현무기를 응ᄒᆞ고 현무기를 들여 청룡기를 응ᄒᆞ고 청룡기를 둘여 주작기를 응ᄒᆞ여 선동을 수십여첩으로 에워싸거늘 선동의

입은갑옷은 수중을 임의로 출입ᄒᆞ는갑옷이라 선동이 거짓탄식
왈 우흐도 치아다보이 만리창텬이오 아래로 내려다보이 만경창
파요 좌우를 둘너보이 기치창금이라 어듸로 가리요 남의기죽는
이 차라리 ᄌᆞ결홈만 갓지 못ᄒᆞ다ᄒᆞ고 물에 풍덩빠지이 가돌이
크기질거ᄒᆞ야 긔를 두루며 승전고를 울이며 크기 외여왈 그러
면그럿치 내엇지

P.135
어린 선동을 칼날에 피를 뭇치코 잡으리요ᄒᆞ고 연유를 낭목의
기 고ᄒᆞᆫ디 낭목 디회ᄒᆞ여왈 어허 신긔코 쾌ᄒᆞ도다 이제는 구주
강산이 다 나의 강산이요 ᄒᆞ며 배를 업칠ᄉᆡ 물결이 울녕ᄒᆞ며
배ᄒᆞᆫ채 업더지고 또 울녕ᄒᆞ며 또ᄒᆞᆫ채 업더지이 일시에 전선
수만척이 거이다 물 밋흐로 드는디 돗디는 디공집어지는듯ᄒᆞ고
와직근 뚝닥 출녕풍녕ᄒᆞ는 소래 산천이 뒤눕는 듯 ᄒᆞ지라 가돌
이 디경ᄒᆞ야 군중

P.136
이 급히이르되 이는 필연 선동이 죽은귀신이라 백마피를 뿌리
고 축귀경을 외우라 ᄒᆞ거늘 선동이 물우에 다시 올나서며왈
죽은선동 다시 스라왓노라ᄒᆞ며 칼을 드러 벽역치는 듯 처드러
가이 위수에 죽음이 싸히여 물이 흐르지 못ᄒᆞ고 피가 흐너 습십
리나 뺏치는지라 가돌도모ᄒᆞ야 ᄉᆞ람의 죽음을보고 발바 다라나
거늘 선동이 철퇴로 치이 머리 떠러지는지라 선동이 칼춤추며

본진으로도라오이 황제 원수의 손을잡고 되회ᄒ여왈 원수의 지조는 칙양치못ᄒ

P.137
리로다 수화즁을 임의로 횡행ᄒ이 엇지 세상사람에지조라ᄒ리요 ᄒ시더라 잇ᄯ 낭목이 되경ᄒ여 가슴에 불이 붓는듯ᄒ지라 되즁 굴돌을 불너왈 우리ᄉ생존망이 즁군의기 달엿스이 기교을 급히생각ᄒ라 적국 원수 선동의 지조는 만고에 칙양치못할지조라 귀신도 칙양치못ᄒ리로다 부되슴가조심ᄒ라 ᄒ되 굴돌이 팔을ᄲᆸ소리고 이를갈며 즁담ᄒ여왈 소즁이 구름을 모와 공즁에 유진ᄒ고 선동을 잡을것이이 되왕은 염여마

P.138
옵시소 선동이 용맹은만ᄉ오나 지상뿐이라 공즁에 운진을당ᄒ면 못에든 고기요 불에든 나븨라 엇지 나를 당리요ᄒ고 운진을 칠시 동방에 청운ᄯ고 서방에 백운ᄯ고 남방에 적운ᄯ고 즁텬에 황운ᄯ이 ᄉ바으로 구름이 몽기 피여나서 즁텬을 덥ᄂ지라 일등명즁과 무수ᄒ 강병이 구름에 싸히여 비조갓치 조련ᄒ며 선동을 불너 되전ᄒᄌᄒ이 선동이 응성ᄒ야 되전할시 ᄉ셩이 즁텬에서 비오듯ᄒ고 텬지가 암암ᄒ여 지척을 분별치못할너라 선동이 몸을소ᄉ구름을

P.139

헛치려ᄒᆞ이 몸이 나릭업서 엇지 헛치리요 오호라 ᄒᆞ날을 우러러탄식왈 부모의 원수를갑고 국가를 안보할가 바랏더이 ᄉᆞ세급박ᄒᆞ지라 ᄉᆞ석이 비오듯 ᄒᆞ느곳에서 칼만 두루며섯더라 각설잇ᄯᆡ 서주 ᄉᆞᆷ낭ᄌᆞ 낭군을 리별ᄒᆞ고 주야로 소식을 기다리더이 홀련 몸이 곤ᄒᆞ야 잠간 조우이 비몽ᄉᆞ몽간에 엇던 선관이 나려와서 이르되 선동이 경성에 을나가 낭목의 ᄂᆞᆫ을 당ᄒᆞ야 딕원수로 접전ᄒᆞ다가 호중굴돌의 운진에 싸히여 거의 죽기되얏스이 낭ᄌᆞ등은 급히 전복을 입

P.140

고 ᄌᆞ용금과 비용중과 풍운선으로 굴돌의 운진을 파ᄒᆞ라ᄒᆞ고 간딕업거늘 깨다르이 남가일몽이라 ᄉᆞᆷ낭ᄌᆞ 급히 전복을 내여입고 전중을 향할ᄉᆡ 중노에서 갈바를 아지못ᄒᆞ여 ᄒᆞ날을 우러러 탄식왈 규중처ᄌᆞ로 불성출문이라 어딕로 향ᄒᆞ야 전중인줄 알이요 서로 도라보며 탄식ᄒᆞ더이 문득 광풍이 이러나며 무ᄉᆞᆷ소래 산악이문어지ᄂᆞᆫ듯ᄒᆞ더이 ᄂᆞᆫ딕업는 백호세마리 나와 길을 막아 안ᄌᆞ 꼬리로 따을치며 흑을 집어 흔치며 소래를 지르거늘 낭ᄌᆞ 더욱망극ᄒᆞ여

P.141

그범을 경기ᄒᆞ여왈 네가 비록 김생이라도 또ᄒᆞᆫ산군이라 ᄒᆞ엿스이 ᄉᆞ람의 급ᄒᆞᆫ ᄉᆞ정을 알지못ᄒᆞ고 무고히해코저 ᄒᆞ는다ᄒᆞ이

그범이 고개를 흔들거늘 고이ᄒ여왈 영감흔 김생이라 우리를 위ᄒ야 타라ᄒ나냐 ᄒ이 범이 고개를 드러 응ᄒ는듯ᄒ거늘 숨낭ᄌ길거 범의 등에 올나안지이 이는비호라 순식간에 부지천리라 마침바라보이 운무ᄌ욱ᄒ듸 흔 즁슈 경황업시 섯거늘 살펴보이 권원수라 셋백호 산악이 문허지듯이 소래지르며 진즁으로 뛰어 드러가는지라

P.142
잇ᄯ 원수 운진에 싸히여 지척을 분별치못ᄒ다가 창황즁에 바라보이 ᄂᆞᄃᆡ업는 숨즁슈가 백호를 타고 나는듯이 오는지라 그 즁슈얼골은 형산백옥갓고 날냄은 비조갓흔지라 원수 호즁인줄 알고 더욱 황급할차에 정낭ᄌ 풍운선으로 운진을 헛치고 진낭ᄌ는 ᄌ용금으로 풀비듯 처드러갈시 운진즁졸이 추풍낙엽갓치 공즁에더러져 목부러저 죽는군ᄉ 허리부러저 죽고 백일창텬에 남은군ᄉ업는지라 호즁굴돌이 황황급급ᄒ야 다라나다가 도라보이 엇더흔

P.143
즁슈 세시비호를타고 쫏차오는지라 굴돌이 팔밋해 나래돗앗는고로 공즁으로 날나도망ᄒ더이 잇ᄯ 강낭ᄌ 비룡즁을타고 쫏차갈시 굴돌이 도라보이 흔 즁슈 나는룡을타고 딸커늘 굴돌이 탄식왈 소인은 낭목에기 빠저 역텽지ᄉ를 행ᄒ다가 명텬이 미워ᄒ심으로 우리 숨형제 신통ᄒ술법을 배와 입공양병ᄒ쟷더이

십년공부가 허亽로다 말을 맛지못ᄒ야 ᄌ룡금이 번듯ᄒ며 굴돌의 머리공즁에 뻐러지느지라 운진을 파훈후에 원수를

P.144
도라보지 아이ᄒ고 집으로 도라오이라 잇써 원수내렴에 의아ᄒ되 서주ᄉ낭진줄아랏스나 보는사람은 모다원수 신즁을부린줄 알고 원수지조를 칙양치못ᄒ더라 잇써 호즁굴돌이 죽엇스이 딕적할지 잇스리요 원수 칼춤추며 크기 외여왈 역적 낭목과 개갓흔흉노는 빨이 목을드리라ᄒ이 호진이 황급ᄒ야 아모리할 줄을몰으다가 흔모책을 생각ᄒ야 낭목을 결박ᄒ여 호아제께 밧치면 행여스라 도라갈가ᄒ여 북흉노 즉시 군즁을 호령ᄒ야 낭목을 결박ᄒ여 수레에 실고

P.145
항서를 올이며 고두亽죄왈 비신은 낭목의기 빠저서 황상의 위엄을 범ᄒ얏亽오이 죄亽무석이오나 잔명을 보존ᄒ와 고국에 도라가옴을 만분지일이라도 바라나이다 ᄒ거늘 황제원수의 손을잡고 원수는 낭목의 불공딕전천지수를 ᄌ단처치ᄒ라 ᄒ신딕 원수승전고을 울이며 좌우제즁군졸을 벌여세우고 흉노는 매년에 비단석동식 밧기ᄒ여 노아보내고 낭목을 잡아내여 꿀어안치고 수죄왈 흉악흔낭목아 네죄를 네아는냐 ᄒ며 군승에 명ᄒ야 왈 말꼬리로 낭목의목

P.146
을 잘나매여 성남저주에 몰고나가 저주 백성을물너왈 만백성들
아 드르라 너의들 도탄중에 드럿슴은 낭목의 꾀라 어화 우리백
성들아 각각이 낭목의 원수를갑흐라ᄒ이 성남성북 백성들이
영을듯고 춤을추며 일시에 달여드러 ᄒ는말이 듸역부도 낭목아
우리백성의 피를빨아 너의살을 찌우고 뼈가 굴것스이 오날은
명텬이지시ᄒ여 우리어진 원수님의 덕택으로 너를 잡앗스이
원수를 갑흐리라ᄒ고 다각각 낭목의기 달여들어 살 ᄒ점식 비
여 죽이는지라 잇써 황제환궁ᄒ시고 낭

P.147
목의 유족을 멸ᄒ시고 틱평연을 배설ᄒ시고 듸소제신을 모와
원수의 공을 의논할시 엇지 일방봉작으로 의논ᄒ리요 원수를
듸인도왕을 봉ᄒ시고 십년조공을 제감ᄒ시고 원수부친을 위국
공승상을 봉ᄒ신듸 원수 복지주왈 소신의 조고만ᄒ 공으로 폐
ᄒ전교이럿케 중임을 맥기시오이 엇지 감당ᄒ릿가 신의 뜻은
황상의 시위지신이되야 모시기를 원이로소이다 황상기서 년소
ᄒ 사람으로 듸원수 중임을 주시옵기로 텬은을 힘입어오이 낭
목의 불공듸천지원슈를 갑습고 고토의 도라가 아비얼

P.148
골을 다시비옵기 ᄒ오이 천은을 만분지일이라도 갑흘가 바라나
이다 전교 다시ᄒ옵기를 천만바라옵ᄂ이다 ᄒᄂ듸 황제 원수의

손을잡고왈 국법은 곳치지 못ᄒᆞ나이 원수는 ᄉᆞ양치말고 급히가
서 백성을 안보ᄒᆞ라 ᄒᆞ시며 용포옥ᄃᆡ를 상ᄉᆞᄒᆞ신ᄃᆡ 십리외에
나와 전별할ᄉᆡ 만조백관과 제ᄌᆼ군졸이 차례로 ᄒᆞ직ᄒᆞ더라 원수
제ᄌᆼᄉᆞ십여인을 다리고 청양산 어머님 분묘로 설문노코갈ᄉᆡ
ᄌᆞᄉᆞ수령이 지경에ᄃᆡ 휴전송ᄒᆞ는둥 절

P.149

은 비흘ᄶᅥ업더라 긔주ᄌᆞᄉᆞ 선문을 보고 ᄃᆡ경ᄒᆞ야 제물과 향촉
을가지고 청양산 낭ᄌᆞ묘ᄒᆞ에 기ᄃᆞᆯᄒᆞ엿더라 원수제문을 지여
모친의 묘ᄒᆞ에 주달할ᄉᆡ 제문에 ᄒᆞ엿스되 유세차긔축팔월신축
삭십칠알정ᄉᆞ애호ᄌᆞ선동은 감소고우현모친실영지ᄒᆞ에아뢰옵
나이다소ᄌᆞ는오세에모친을리별ᄒᆞ옵고부친를따라왓서조부님
양위를뵈옵고외조부양위전에모친편지를올이여ᄉᆞ연을고ᄒᆞ옵
고 양위를모시옵고ᄃᆡ인도로드러가옥낭목의물공ᄃᆡ천지수를
갑고저ᄒᆞ여병서를배와황성가옵는길에

P.150

이곳을차저와서어머님묘전에밤을지낼ᄉᆡ몽즁에어머님이오시
여거문고를주시며서주월성춘을차저가서ᄉᆞᆷ서녀를차저인연맺
고가라ᄒᆞ신유훈을듯삽고길을쩌나ᄌᆼ능못가에설횰총을엇삽고
월성춘을차저가와ᄉᆞᆷ션녀를맛나인연을맷고경성에올나가와낭
목을잡아ᄉᆞ지를분열ᄒᆞ여원수를갑핫ᄉᆞ오이이제죽어도여ᄒᆞᆫ이
업삽거이와다만지극ᄒᆞ원훈과가긍ᄒᆞ온정경은모친을다시만나

보옵기를천만무궁바라옵나이다ᄒ며 묘전에 업더러저 딕성통곡 슬피울세 문득 천

P.151
지진동ᄒ며 분묘가 흔반이 갈나지며 낭ᄌ육신으로 ᄌ다가 이러나는 듯이 이러안ᄌ 선동의 손을 잡고왈 선동아 선동아 우지말고 나를 ᄌ서이보와라 너의 어미모양이 적실ᄒ가 너를 오셰에 이별ᄒ고 이제야 딕면ᄒ이 엇지아리요 선동이 ᄌ셰살펴보이 텬샹에 보든 모친이 적실ᄒ지라 선동이 긔절ᄒ엿다가 모친을 붓들고왈 어머님은 어이그리 더딕오신잇가 생시인다 꿈인가 낭ᄌ왈 선동아 너무 과희 슬허말고 행중을 차려가ᄌ 이제는 텬명을 바덧스이 평생이 ᄒ정이라 각별 될가 염려말고 어

P.152
서 급히가ᄌ서라 유정ᄒ 너의부친 섭섭히 리별후에 원흔이엇더타ᄒ리 어서 급히가서 상봉ᄒ랴 만단정회 푸러보ᄌ 선동이 모친을 다시만나 이러말슴을 드르매 텬ᄉ에 오른듯ᄒ지라 급히행중을 차릴식 급등을 만더러 부인을 틱와 발행ᄒ이 ᄌᄉ수령이 영송접딕ᄒ여 그ᄉ의을 칙양치못ᄒ더라 선동이 모친의기 고ᄒ여왈 우리모ᄌ갈길은 밧부건이와 딕인도에 드러가오면 즁원이 수만리라 왕환이어렵으이 서주슴낭ᄌ의기 비룡중과 ᄌ용금과 풍운선으로 신물준 것을 어이ᄒ오

P.153

릿가 부인이 역시 깨다르시고 가로듸 내또흔 그뜻이 잇도다 익주땅즁시랑은 나의 슴춘이라 그리로 가스 주선ᄒ야 성례ᄒ고 슴낭즈를 흔가지로 듸인도로 드르가리라ᄒ고 익주를 차저가서 외슴춘을 뵈온듸 긔닷지 못ᄒᄂ지라 선동이 전후수말을 ᄒ이 씨랑이그지못지안이ᄒ며 위혹ᄒ더라 부인이 스세곡절을 즈서히설화ᄒ이 시랑이 왈 너의일은 만고에 처음 듯ᄂ일이로다 ᄒ며 반겨ᄒ더라 선동이 편지를지더 스즈로ᄒ여곰 서주월성춘진 경위댁으로 보내이라 각설잇ᄯᅥ 서주슴낭즈

P.154

전복을 입고집으로 도라와서 텬랑의 소식을 날노 고듸ᄒ더이 문득 스즈와서 편지를 을이거늘 급히떼여보이그스연에ᄒ엿스듸 권선동은슴가조심ᄒ고슴낭즈좌ᄒ에무궁흔국을올이나이다 거문고로상화여금ᄒ야일야상봉이별후에경성에올나가서옥낭목의ᄂ을만나듸원수되여접전ᄒ다가호즈욱둘의운진에싸ᄒ여 거이죽기되얏삽더이슴낭즈와서구흠을입어스라낫스오이ᄂᄂ 임이슴낭즈와서돕ᄂ줄아랏거이와타인이야뉘알이요그러무로 나의공노가도욱빗낫스이웃지즁치안이ᄒ며옥낭목을분열ᄒ여 우리부부원수를갑ᄒ소오

P.155

이엇지상쾌치안이ᄒ리요황제더욱호진을멸ᄒ고옥낭목을버힌

공노로되인도왕을봉ᄒ시이련은이망극ᄒ지라또ᄒ청양산어머님분묘에가서차의를고할ᄉᆡ련등이이러나며분묘가갈나지고모친을생시와갓치육신으로만낫스이이럿타시질거운일이어듸또잇스리요또ᄒ다름안이ㅛ라도라가서육례를차려서로만나보오면영화를될줄알건이와비인은듸인도ᄉ람이라중원이수만리나되오매엇지총총

P.156

ᄒ안부를다ᄒ오릿가잠간생각ᄒ옵고이곳에서모친을모시고택일ᄒ오이금월십구일이라낭ᄌᆞᄂᆞᆫ셥셥다생각지마옵고이편지보온후에차례로주선ᄒ와옥모화용을상봉ᄒ기ᄒ옵쇼셔아엿드라 상낭ᄌᆞ 이편지를 바다보고 질거왈 듸인도왕이 되얏스이 영화비할듸 업삽고 또 ᄒ황천에 도라가신 시모님 다시 만낫ᄉ오이 이런 질거운일이 잇스리요 ᄒ며 편지를 진정위부인의기 올이이 편지를보시고 ᄉ위를 생각ᄒ이 질거움을 칙양치못ᄒ더라 즉시 노비를명ᄒ여 잔치를 차릴ᄉᆡ 잇ᄯᆡ 선동이 차의를

P.157

황제기주달할ᄉᆡ 모친만 ᄉ연과 서주월성촌 진정위택낭ᄌᆞ와 강도독댁낭ᄌᆞ와 정숙녹댁낭ᄌᆞ를 가취ᄒ여 모월모일에 성례ᄒᄂᆞᆫ ᄉ연을 낫낫치 고ᄒᆫ듸 황제보시고 칭찬 불이ᄒ더라 원수의 모친를 정열부인을 봉ᄒ시며 직첩 ᄒ송ᄒ시고 서주 ᄉᆞᆷ낭ᄌᆞ로 정열왕비를 봉ᄒ시고 급히 ᄉᄌᆞ를 발송ᄒ여 금은 오백양과 주옥

보화를 만히상스ᄒ시이라 잇씩 부인과 왕이 혼인절차를 의논ᄒ
더이 문득 스ᄌ와서 황제 층찬ᄒ신글과 직첩을 을이거늘 북향
스배ᄒ고 떼여 보이라 잇씩에 서주 슴낭ᄌ 부인으로 더부러
혼인일을 의논ᄒ더이 황성에서 스ᄌ 나려와 직첩을올 이거늘
북향 스비ᄒ고 쒸어보이 정열부인가

P.158
ᄌ거늘 부인이 천은을 치ᄒᄒ시며 스ᄌ을 극진히 딕접ᄒ야 보
닉이라 잇씩의 서쥬슴낭ᄌ 부인으로 드부러 혼인일을 의논ᄒ든
이 황셩의서 스ᄌ나려와 직첩을 올이거늘 바다보이 슴낭ᄌ로정
영황비을 봉ᄒ신직첩과 금은포백을 만이상스ᄒ시고 정위부인
슴낭ᄌ좌전에 와서 보외로다 ᄒ엿거늘 부인과 슴낭ᄌ 기ᄒ에
나려 황궐을 향ᄒ여 스배ᄒ고 황은을 축수ᄒ더라 그러구로 혼
일일이당도ᄒ엿ᄂ지라 선동이 행교를 갓초올시 금등화 등을
전후에 시우고 즁

P.159
시랑은 상빈되고 제즁군졸이 옹위ᄒ고 각읍수령은 회객으로
구름못듯 ᄒᄂ지라 그즁ᄂ흠은 칙양치 못할너라 잠간 성반후에
교배석에 드러 가레를 일을시 슴낭ᄌ 녹의홍상 일색으로 단증
ᄒ고 례식에 드러가례를 일올시 슴낭ᄌ 모호 레를 전ᄒ이 구경
ᄒᄂ 스람이 서로 보벼왈 흔신랑에 셋신 부동석에 딕레ᄂ 전고
에 처음이로다 진정위대 부인이 ᄌ식업서 ᄒ탄ᄒ더이 오날날

보이 영화가 극진ᄒᆞ도다 악전으로 참혹ᄒᆞ며 례마를 마친후에 동방화촉 도라드로 그간그리든 정회를 설

P.160
화ᄒᆞ이 질거옴을 엇지다 칙양ᄒᆞ리요 타인이야 그중간ᄉᆞ를 엇지 알이요 슴일을 지낸후에 가중지물을 촌인의긔 팔아 부인과 슴낭을 ᄒᆞᆫ가지로 뫼시고 익주로도라와 왕이 모부인을 뵈온듸 질거옴을엇지다 칙양ᄒᆞ며 또슴낭즈 ᄒᆞᆫ가지로 당ᄒᆞ에나려가 부인전에 공손히 례ᄒᆞ이 부인이 낭ᄌᆞ슴인을 불너 손을잡고 길거ᄒᆞ시며 못내길거ᄒᆞ시며 진정위 부인을 보고 서로 례필후에 질거ᄒᆞ시드라 여러날 유련ᄒᆞᆫ후에 행교를 갓초와 길을 쓰날ᄉᆡ 부인과 왕이 시랑을 이별ᄒᆞ고 금은시수을의

P.161
쥬면 왈 긱이의폐올뮤슈히 씨쳣스오이 일노ᄒᆞ여곰 정을 포ᄒᆞ나이다 ᄒᆞᆫ 듸 시랑이 못내밧고 치ᄒᆞ를 무수히ᄒᆞ더라 연연이 작별ᄒᆞ고 길를 떠날ᄉᆡ 정열부인은 금등을 타고 슴왕비는 옥동을 타고 제중슴십여인은 말을 타고 군졸백여명은 긔치창금을 들고 전후에 옹위ᄒᆞ여 풍악을 울이며 행노ᄒᆞ이 그즁흠은 칙양치 못할너라 수월만에 듸해를 건너 본국에도라오이 도즁 백성들이 뉘안이 반겨ᄒᆞ리요 왕이 먼저 드러가 승상과 국ᄉᆞ의긔 뵈온듸 부인이 금 등에 나려셔드러

P.162

가 국수의 손을 잡고 반겨ᄒᆞ이 국수낭ᄌᆞ를 보고 증신업시 등신갓치 안잣드이라 낭ᄌᆞ왈 낭군님은 정신을 진정ᄒᆞ옵쇼셔 강남악양루에 샹봉후로 오날날 이래만나이 엇지 반갑지안이ᄒᆞ오릿가 국수 그지야 낭ᄌᆞ의 손을 잡고왈 육신이 왓나잇가 죽은귀신이 왓나잇가 악양루에서 연연이 이별ᄒᆞ고 오날날 만내보이 엇지알이요 그간ᄉᆞ는 꿈갓흔지라 낭ᄌᆞ왈 낭군님은 수히죽어 작별할가 염려말고 정신을 차리옵쇼셔 샹제전에 생전수유를 밧아ᄉᆞ오이 우리원정은 종치ᄒᆞ오리다 또ᄒᆞᆫ 다름이 안이오라 션

P.163

동이 출세ᄒᆞ여 옥낭목을잡아 원수를 갑고 호중굴둘이 습형제를 버혀 황샹의 ᄉᆞ직을 안보ᄒᆞ고 흉노를 황복밧아 텬ᄒᆞ를 평정ᄒᆞ고 황제 그공으로 선동을 딕인도 왕을 봉ᄒᆞ시ᄉᆞ 나려오ᄂᆞᆫ길에 나에모ᄉᆞ에 와서 고유ᄒᆞ든말과 서주월성촌 진정위댁에 가셔진 낭ᄌᆞ와 강낭ᄌᆞ와 정낭ᄌᆞ오로 더부러 인연매ᄌᆞ 셩례ᄒᆞ고 ᄒᆞᆫ가지로왓ᄉᆞ오이 구부지례를 바드쇼셔ᄒᆞ고 부인이 내당에 드러가 승상양위젼에 통곡ᄒᆞ이 승상과 부인이 낭ᄌᆞ를 보이 실노꿈갓흔지라 아모말도 못ᄒᆞ시고 안

P.164

젓더라 낭ᄌᆞ리승상양위전에 뵈옵고 아버님 어머님은 불효ᄒᆞᆫ 녀식 죽은 춘화 다시ᄉᆞ라왓나이다 ᄒᆞ며 붓들고 통곡ᄒᆞ이 승상

과 중부인이 이말을듯고 총망지간이라 혼을 일허 실셩흔사람
갓더라 낭즈 위로왈 부모님은 생젼을 셔로 위탁할것이이 너무
과도히 슬허마옵쇼셔 남은ᄉ연은 여일이무궁ᄒ오이 죵차 고ᄒ
오리다 ᄒ고 물너나와 슘낭즈로 ᄒ여금 흔가지 시조부모님 양
위젼에 공순히 졀ᄒᄃᆡ 승샹과 부낭이 셔로ᄉ랑흠을 이기지못ᄒ
더라 슘낭즈물너나와 시

P.165
부모젼에 졀ᄒ이 국ᄉ 슘낭즈를보고 ᄉ랑ᄒ여왈 너의들 다원노
에 무ᄉ히 왓나냐 ᄒ시더라 션동이 국ᄉ젼에드러가 황졔ᄃᆡ인도
왕 봉ᄒ신ᄉ연과 부친승샹을 봉ᄉ신교지와 모친은 졍열부인봉
ᄒ신 직쳡과 슘낭즈도 졍열부인봉ᄒ신 직쳡을 흔가지로 을이며
젼후셜화ᄒᄃᆡ 국ᄉ황은을 못내축수ᄒ며 션동을 못내ᄉ랑ᄒ더
라 ᄃᆡ인도 왕위를 증ᄒ여 각도각읍에 횡관ᄒ며 치정할ᄉᆞ 강구
녀월미복시라 백셩이 평안ᄒ여 송덕을일삼더라 그러구로 십년
을지낸지라

P.166
권승샹이 우연히 특병ᄒ여 별셰ᄒ시이 국ᄉ애통흠과 부인이
애통ᄒ며 셔릉에 안즁ᄒ다 또 리승샹양위 우연 기후불평ᄒ야
또흔날 구몰ᄒ시이 부인이 애통ᄒ며 왕이 슬허ᄒ며 월학산에
안즁ᄒ시다 그러구로 오년이라 승샹과 부인의년광이 구십이라
일일은긔후 불평ᄒ야 흔날 구몰ᄒ시이 왕이 붕텬통곡흠과 슘왕

비의 통곡흠과 궁즁시비등이 통곡ᄒ며 날을 가리여 오로봉ᄌ좌 오향에 내외 합즁ᄒ시이라 잇ᄯ 진씨의기 이남 녀두고 강씨의기 슴낭일녀두고 정시의기

P.167
이남슴여 두엇스이 모다칠ᄌ온여더라 즁ᄌ 춘도로 시시ᄌᄌ를 칙봉ᄒ시더라 잇ᄯ 국ᄉ와 낭ᄌ죽어 천승이올나가 선관선녀된지라 샹제기뵈온듸 샹지보시고 가라ᄉ듸 그듸등은 선관선녀로 지연이 글지으라 흔죄로 인간에 나려보내여 고싱으로 지닉기 ᄒ엿건이와 이직ᄂ 그런 허물이 업기ᄒ라 ᄒ시더라 죵

I. 〈두껍전〉 해제

『두껍전』은 작자와 창작 연대가 알려지지 않은 고소설이다. 김광순 소장 필사본 고소설 474종 중의 하나로, 이 중에서 다시 정선한 〈김광순 소장 필사본 고소설 100선〉에 속한 『쪽겹젼이라』 21장본을 대본으로 했다. 원전原典의 제목은 '쪽겹젼이라'로 되어 있으나 여기서는 현대역의 제목에 따라서 '두껍전'으로 부르기로 한다.

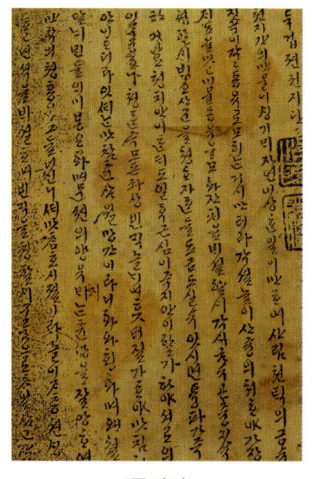

〈두껍전〉

『두껍전』의 작자는 소설을 사갈시蛇蝎視하던 조선조 봉건사회에서 대부분의 고소설이 그렇듯이 작자를 기록하지 않고 있다. 창작 시기도 조선 중기로 17-18세기로 짐작될 뿐이다. 그러나 19세기 초반에는 국문본과 국문활자본 등 항간에 널리 필사 애독되면서 흥행했던 작품임을 짐작할 수 있다.

여기서 대본으로 한 『쪽겹젼이라』는 김광순소장 필사본으로 21장본인데 가로 14㎝ 세로 21㎝의 크기의 총 41면 각면 8행 각행 평균 21자로 붓으로 쓴 흘림체의 필사본이다.

필사본 말미에,

'이칙쥬는연고틱라갑인연볏게노나라'

라고 씌어 있으니,

'이 책 주인은 연고댁이라. 갑인년에 빼껴놓은것이라.'

라고 씌어져 있는 것으로 보면 이 작품의 필사 연대는 갑인년에 필사한 것으로 추측되지만 이것만으로는 정확한 필사 연대는 알 수 없다. 갑인년이 어느 갑인년인지 알 수가 없기 때문이다.

『두껍전』은 한국고소설의 유형분류로서는 동물에 인성을 부여하여 고소설의 주인공으로 등장시켰기에 의인소설 혹은 우화소설이라 한다.

『두껍전』의 이본으로는 여러 종류의 국문 필사본과 국문활자본이 있다.

국문필사본으로『둑겁젼』,『둑겁젼이』,『뚜껍젼』,『두껍젼단권이라』,『둑겁젼 권지단이라』,『섬동지젼』 등의 다양한 이름으로 많은 이본이 전하고 있으며, 국문활자본으로『두껍젼』,『섬동지젼』 등도 전해오고 있는데 이들 작품은『섬로장젼』,

『옥포동기완록』 등과는 서로 이본관계이면서, 본고의 『두껍전』 과는 좀 특수한 관계라고 볼 수 있다. 실례로 『춘향전』의 여러 이본은 기본 이야기 줄거리가 공통되는 기초 위에서 부분적인 구성요소들과 그 표현수법들에 차이가 있는 데 비해 『두껍전』의 이본관계는 이와 다르다.

우선 『섬로장전』은 『두껍전』의 이야기 줄거리를 받아들이고 그 뒷부분에 스님인 '려(侶)'를 비판하는 이야기를 첨부하였다. 그런가 하면 『옥포동기완록』은 『두껍전』과 『섬로장전』을 다 받아들여 그것을 더욱 형상적으로 전개해 놓은 한문본이다.

『두껍전』은 일찍부터 많이 알려져 있었으므로 일찍 판각본으로 발행되었고 그 후에도 수사본으로 많이 보급되었으며 20세기에 들어와서는 활자 인쇄본들도 나왔다. 『두껍전』의 많은 이본들은 내용에 따라서 여러 가지로 분류될 수 있다. 특히 후반부에 여러 가지 에피소드가 삽입되어 다양한 종류의 이야기가 전하고 있다.

이 가운데 나이 자랑이 중심화소로 되어 있는 쟁년형 『두껍전』이 대부분이고 그 나머지는 하늘에서 내려와 인간 세상의 이야기를 전개시키는 적강형 『두껍전』이 있다. 전자를 쟁년형 『두껍전』, 후자를 적강형 『두껍전』이라 부른다.

쟁년형 『두껍전』은 고대로부터 있어 온 근원 설화에서 크게 영향을 받아 창작이 된 것으로 알려져 왔다. 쟁년형 설화는 『두껍전』에서 그러하듯이 동물들이 서로 나이 자랑을 하는 내용의 설화가 오래 전부터 전하여 왔다.『고려대장경』의 십송률 34권에는 탈새와 미후와 코끼리가 서로 나이 이야기를 하던 끝에 탈새가 가장 나이 많은 것으로 되었다는 이야기가 있다. 물론 이 이야기가 곧『두껍전』의 기원설화인 것은 아니다. 그리고 거기에 나오는 동물들도 우리나라의 것이 아니며 불교가 성행하던 고려시대의『대장경』속에 끼어 있었던 것으로 미루어 볼 때 당시 우리네 삶 속에서 동물들이 나이 자랑하는 내용의 설화가 어느 정도 알려져 있었다는 것을 짐작할 수 있다.

특히 18세기 작가인 연암 박지원의 소설『민옹전』에서는 두꺼비와 토끼가 서로 나이 많은 자랑을 하는데 두꺼비가 제 자랑을 하기에 앞서 눈물을 흘리는 이야기가 나온다. 이 내용은 『두껍전』의 내용과 유사하다. 이것은 18세기에 이르러『두껍전』의 기본 이야기와 거의 같은 정도에 이른 설화가 널리 유포되고 있었고 그것이 작가의 창작적 관심을 더욱더 끌었다는 것을 보여주고 있다.

따라서 17세기 이후 18세기에는 설화에 기초하여『두껍전』이 창작될 수 있는 형상적 요인이 충분히 성숙된 것으로 짐작하며, 이상과 같은 사실에 근거하여『두껍전』은 17~18세기에 설화에 기초하여 의인소설작품으로 창작되었다고 본다.

본고의 번역대본은 일반적으로 나이 자랑이 중심화소가 된 쟁년형『두껍전』이 아니고 적강형『두껍전』인데, 그 줄거리를 보면 다음과 같다.

조선국朝鮮國 평안도 영평군 왈숙산 아래 사는 양핵칙이라는 사람이 있었다. 농사를 짓기보다 고기 잡는 어부가 되어 일생 고기 낚기에만 힘썼으나 어느 날부터 고기가 서서히 잡히지 않자 조석도 잇기가 어려워졌다. 하루는 늙은 내외가 밤새 쳐 놓은 그물을 보고자 아침 일찍 나가니 고기는 한 마리도 없고 큰 두꺼비가 들어 있었

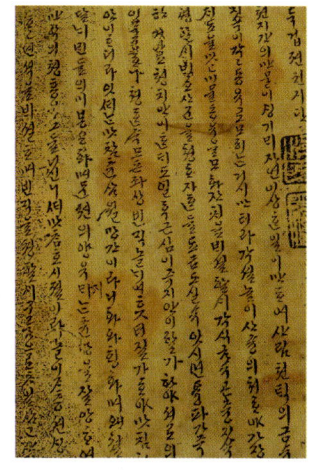

〈두껍전〉

다. 두꺼비는 하늘에서 비를 내리는 선관이었으나 인간세상에 비를 잘못 내린 죄로 옥황상제에게 벌을 받게 되어 두꺼비 가죽을 쓰고 인간 세상에 쫓겨나 두 늙은이가 쳐 놓은 그물에 걸리게 된 것이다. 그러나 두꺼비는 이런 사실을 숨기고 자신을 거두어 집으로 데려가면 좋은 일이 있을 것이라며 함께 가자고 사정하였다. 내외가 고기도 잡히지 않는 터에 두꺼비를 데려가자니 함께 굶는 수밖에 없다고 집안 실정을 이야기하였으나 상관없다는 두껍의 말에 하는 수 없이 집으로 업고 갔다. 두꺼비를 겨우 방에 들여 놓고 하루하루 지내는데, 두꺼비가 하늘을 보고 주문을 외우자 쌀과 금은보화들이 하늘에서 떨어지곤 했다.

그리고 또 시간이 흘러 늙은 내외가 우리는 이제 먹고 사는 근심 없으나 슬하에 자식이 없어 걱정이라 하니 두꺼비가 우리가 서로 부자지간을 맺으면 되지 않겠느냐고 하였다.
 이리하여 부모자식 간이 되어 두꺼비가 장가 들기를 희망하면서 이웃 박판서집 셋째 딸에게 청혼을 하기에 이르렀다. 할머니가 꽃교자를 타고 박판서댁에 이르러 판서에게 우리 아들이 이러이러한데 댁의 셋째 딸과 혼사를 맺으려 한다고 하였다. 박판서는 대노하여 할멈의 목을 베었거늘 그러나 떨어진 목이 다시 피 한 방울 흐르지 않고 그대로 다시 올려 붙자 박판서는 황망히 놀라
 "이것이 무슨 조화인가 우리 집은 이제 망하게 되었구나."
 라며 탄식했다. 박판서는 하는 수 없이 혼사 일을 정하고 할머니를 돌려보냈다.
 박판서는 물론이고 모두들 두꺼비를 가소롭고 하찮게 여겼다.
 그러던 어느 날 장인의 환갑이 다가와 사위 둘은 사냥을 가는데 두꺼비 사위도 사냥 간다고 하니 장인과 장모가 제발 방구석에 가만히 있는 것이 여러 사람 도와주는 길이라 하였으나 두껍 사위는 사냥은 못하더라도 구경만 하고 오겠다고 하여 장인이 하는 수 없어 행장과 노비를 갖추어 주었다. 산에 이르자 두꺼비는 하인에게 글자 하나를 써주며 이것을 어디에 있는 거사에게 갖다 주도록 하였다. 조금 있으니 거사가 많은 짐승을 잡아 가지고 왔다. 그 거사는 다름 아닌 흰 호랑이였다. 두꺼비 사위

가 잡아 온 짐승을 보자 두 사위는 영문도 모르고 그것을 자기들에게 주면 좋겠다고 하자 두꺼비가 주면서 하는 말이 나는 이런 것을 줄 때 반드시 그 사람의 등에 도장을 찍는다고 하니 두 동서는 허락하였다.

그리고 나중에 두꺼비의 탈을 벗는 장면에 이르러, 두꺼비는 두 동서가 사실 지난 전생에 나의 노비들이었는데 달아나 양반 행세를 하고 있는 자들이고 나는 그들을 잡으러 왔다고 하였다. 이리하여 두 동서들은 등에 찍힌 도장 때문에 도망도 치지 못하였으며 두꺼비는 자신이 본디 천상에서 비를 내려주는 선관仙官이었고 인간에 비를 잘못 내린 죄로 옥황상제께서 허물을 씌워 인간에 내쳐져 어부 노인의 수양자가 된 사연과, 박판서 대감이 젊은 시절 벼슬할 때에 애매한 사람을 많이 죽인 죄로 두꺼비 사위를 하늘이 점지하게 하여 그로 인해 박판서 내외의 심정을 어지럽힌 것이라고 하였다. 두꺼비의 말에 모두들 놀라고 신기해하였다. 이윽고 하늘에서 옥가마가 내려와 낭자와 함께 무지개를 타고 천상으로 올라간다.

결국 평소에 사람을 무시하면

〈두껍전〉

벌을 받고, 늙은 내외가 가난하고 힘든 몸으로 모두가 역겨워하는 두꺼비일망정 업고 와 가난과 질병에 처해 있으면서도 함께 기거하며 생명을 중시하니 결국 복을 받는다는 내용이다.

이 작품은 권선징악이 그 주제로, 오늘을 살아가는 우리들에게 조상들의 교훈과 예지를 거울삼아 참된 삶의 길을 일깨워 주고 있는 안내서로서 한번쯤은 읽고 음미할 만한 작품이다.

II. 〈두껍전〉 현대어역

　조선국 평안도 영평군 왈숙산 아래 한 사람이 있었다. 성은 양이요, 이름은 핵칙이다. 농업을 전폐하고 강태공을 본받아 어부가 되어 고기 낚기에만 힘썼다. 그러니 자연히 가산이 탕진되어 조석도 잇기가 어려워졌다. 고기라도 열심히 낚아 생활을 영위해야 하는데 그것도 여의치 않았다.

　오늘도 물고기로 저녁 끼니를 해결할까 하여 낚싯대를 메고 낚시터로 내려갔다. 낚싯대를 물에 던지고 종일 앉아 공을 들여도 고기는 한 마리도 잡히지 않았다. 해는 서산에 넝쿨넝쿨 넘어가며 달은 동쪽 산마루에 오르고, 물빛도 우중충하니 맑지가 않았다. 하는 수 없어 낚싯대를 걷어 메고 집으로 돌아오며 자신의 신세를 생각하니 비참하여 자연히 눈물이 났다.

　슬픈 마음을 이기지 못해 통곡하며 돌아오니 할멈은 물고기 잡아오기만 믿고 기다린 얼굴이었다. 한 마리도 잡지 못하고 빈손으로 들어오는 것을 보자 하늘을 우러러 탄식하며 말하기를,

　"우리 두 늙은이가 물고기를 잡아 조석을 연명하며 보전하렸더니, 이제는 고기도 제대로 잡지 못하니 무엇으로 생애를 이어갈까"

하며 서러워하였다. 그리고는

"명천明天이 감동하사 우리 두 늙은이를 어여삐 여기시어 물고기가 잡히게 해 주옵소서."
하고 기도했다.

두 노인네는 그날 밤에 잠을 이루지 못하고 이리저리 뒤척였다. 생각나는 건 물고기뿐, 달은 떠올라 휘영청 밝고 뭇 별들이 반짝거리는데 날 새기만 고대하였다. 이윽고 동방이 밝아오자, 두 노인네는 정신이 아득하고 기력도 쇠잔하여 겨우 기운을 차리며 말했다.

"오늘은 우리 내외 함께 가 보세."

전날 쳐 놓은 그물을 보기 위해 불을 들고 갔다. 가만가만 물가로 가서 물속을 살펴보니, 고기는 한 마리도 없고 난데없는 두꺼비가 있는지라, 두 노인네가 크게 안색이 변하여,

"너는 어떠한 짐승이냐? 게다가 배가 그리 불룩한 것을 보니 이 수중의 고기를 다 잡아 먹은 것 같구나! 그러니 우리 늙은이들이 어찌 잡을 물고기가 있으랴! 짐승일망정 어찌 이런 몹쓸 짓을 하는고?"

하고 여러 번 탄식하며 꾸짖으니, 두꺼비가 혀를 이리저리 돌리고 입을 넙죽거리며 말했다.

"나는 비록 흉악한 짐승이긴 하나, 물고기는 하나도 잡아먹은 적이 없습니다."

이어서 말하기를

"노인께서 저를 이같이 원망하시나 드릴 말씀이 없거니와, 물고기가 없어 잡지 못하고 당장 죽을 지경에 이르렀다 하시니, 아무리 짐승인들 어찌 불쌍한 사람을 모르는 체 하리오? 두 노인께서 나를 데려다가 잘 길러 주신다면 두 어르신들께서 자연히 부귀할 일이 있을 터이니 부디부디 나를 데려가소서."
라고 하였다. 노인이 말하기를

"네 말을 믿고 데려는 가겠거니와, 만약 그대로 아니 되면 우리 늙은이는 눈을 뜨고 앉아 굶어야 할 판이고 너도 당연히 굶을 것이니, 그때의 답답함은 어찌할 것이냐?"
하니, 두꺼비가 이르기를

"어찌 노인을 속여 거짓을 말씀 드리리까? 제 말대로 해 주시옵소서."
하거늘, 노인이 기쁜 마음으로 두꺼비를 등에 업었다. 할멈은 치마를 벗어 두꺼비의 등을 덮고 뒤에서 부축하며 초가집으로 돌아왔다. 방문을 급히 열고 내려놓았는데, 그 옴두꺼비는 방 안을 엉금엉금 기어다니면서 파리를 잡아먹어 자신의 요기療飢[1]를 채우는 듯하였다. 그리고는 노인더러 묻기를,

"해가 저물었습니까?"

노인이 대답하기를

"벌써 어두워 초경初更[2]이 되었느니라."

---

1) 요기療飢 : 시장기. 배가 고픔.
2) 초경初更 : 저녁 7시부터 2시간 간격으로 초경저녁7시~9시, 이경, 삼경,

그러자 두꺼비가 말하기를

"삼경三更 후에 할 일 있습니다."

하였다.

어느덧 삼경三更이 된 한밤중에, 두꺼비가 마당으로 엉금엉금 기어 나가더니, 사방으로 무슨 기운을 토했다. 그러자 우화서화 雨華瑞花3)하는 소리가 낭자하거늘, 두 늙은이가 놀라 나가 보니, 난데없는 쌀 바리4)며 돈 바리며 비단 바리가 좌우에서 무수히 들어오는 것이었다. 두 늙은이가 이는 두꺼비의 술수와 조화임을 알고 희희낙락하면서 가져다가 창고에 깊이 간수하였다.

하루가 가고 이틀이 가고 한 달 두 달 세월이 물같이 흐르는데, 먹고 살기에 아무 어려움이 없게 되었다. 하루는 두 늙은이가 슬퍼하는 얼굴빛이 있어, 두꺼비가 두 늙은이에게 물었다.

"무슨 일로 슬퍼하십니까?"

노인이 말하기를

"슬하에 일점혈육이 없어 이를 한탄하고 있노라."

하니, 두꺼비가

"저도 부모와 동생과 일가친척이 없사오니, 일신이 고단하여도 의탁할 곳이 없습니다. 두 분 노인과 부모자식의 의를 맺어

사경 오경새벽3시~5시으로 이어진 시간단위다.
3) 우화서화雨華瑞花 : 우화雨華는 하늘에서 비처럼 내리는 꽃. 부처가 설법할 때의 상서로운 조짐이라고 한다. 서화瑞花는 '눈'을 달리 이르는 말. 풍년이 들게 하는 꽃이라는 뜻.
4) 바리 : 말이나 소의 등에 잔뜩 실은 짐 등을 표현.

지극히 공경하며 세월을 보내고 싶습니다."

하였다. 이리하여 함께 더욱 돈독히 살게 되었는데, 두꺼비의 몸은 점점 자라 방안을 가득 채웠다. 두 늙은이가 밤에 두 다리를 뻗고 잠을 편히 새지 못할 정도였다.

가을이 무르익을 때가 되자, 두꺼비도 마음이 산란하여 부모께 아뢰기를

"세상 만물이 다 쌍이 있사오니 저도 소중한 아내를 얻어 부귀영화를 누린다면 부모님께 경사가 아니겠습니까."
라고 하니 노인이 말하기를

"너의 말이 정말 기특하도다. 그러나 너의 외모가 남과 다르니, 어디 가서 혼처를 구하며 누구더러 중매를 하라고 할 것인가?"

두꺼비가 말하기를

"세상 만물지중에 수많은 것이 모두 짝이 있거늘, 나라고 어찌 없겠습니까? 부모님께서는 제가 말씀드리는 대로 하면 만사가 이루어질 것이니 그대로 하시옵소서. 부친께서 이 산을 넘어가면 판서를 지낸 재상이 있을 것인데 그 집에 딸 삼형제가 있어, 맏딸 이름은 '월경'으로 정상서의 맏며느리가 되고, 둘째 딸 이름은 '월명'으로 조판서의 맏며느리가 되고 셋째는 '월성'으로 나이는 18세요, 아직 출가하지 않았습니다. 원래 화용花容[5])

---

5) 화용花容 : 꽃처럼 아름다운 외모.

이 삼자매 중에 가장 뛰어나 짝이 없고, 겸하여 문필이 뭇 여인 중에 뛰어나니, 부친께서는 박판서의 집에 가서 보시고 청혼하옵소서."

그 말을 듣고 노옹이 말하기를

"네 말이 정말 좋기는 하다만, 네 말대로 일품 재상집에 혼사를 이루러 갔다가 죄를 얻어 혼이라도 나면 어찌 할까?"

두꺼비가 말하기를

"내가 여기에서 방비하겠으니, 염려 마시고 가옵소서."

하였다. 그리하여 노인이 할멈을 재촉하여 보내니, 할멈이 꽃마차를 타고 박판서 댁으로 가서 판서에게 문안하였다. 이어서 두꺼비가 말한 내용을 다 아뢰고 혼인을 청하니, 판서가 크게 노하여 하인을 불러 호령하며

"이 미친 할멈을 잡아내라."

하여, 여러 하인이 일시에 생포하려 달려들었다. 번뜩이는 칼날이 할멈의 목을 치니 할멈의 목이 떨어져 땅에 둥실둥실 구르다가 도로 올라와 붙으면서 크게 소리를 질렀다. 판서가 그 모습을 보니 무섭고 두려운지라. 바삐 내당(內堂)에 들어가 부인에게 일러 말하기를

"우리 집 운수가 그간 좋았건만, 이제 셋째가 시집을 가려 하는데 이런 변괴가 있으니, 장차 어찌 하여야 집안이 편할꼬?"

부인이 말하기를

"혼인을 지내든지 못 지내든지, 그 말씀을 들사오니 십분

놀랍습니다. 어쨌거나 사람 모양이나 봅시다."
하고 할멈을 청하여 다시 보니, 뜰에 떨어졌던 목이 피 한 점 아니 나고 그대로 천연하거늘, 판서 내외가 크게 놀라고 무서워하여 즉시 혼인을 허락하고 날을 잡으니 불과 며칠 후였다.

할멈이 집으로 돌아와, 판서가 하던 말과 혼인을 정하고 택일擇日한 말을 자세히 하니, 두꺼비가 희희낙락하면서 혼수에 대한 예의범절을 차렸다.

이때 판서가 할멈을 보내고는 월성을 불러 탄식하며 월성의 손을 잡고

"너의 신세 불쌍하도다."

하고,

"혼수나 힘써 하여 주마."

하였다. 곧 하인을 불러 분부하기를

"네가 혼수를 잘 장만하도록 하라. 각색 공단과 붉은 띠를 두른 치마에 푸른 띠를 두른 속치마며 도리불수[6], 한단[7], 공단, 홍갑사[8]며 주항라[9], 각색 분주盆紬[10]와 비단을 낱낱이 다 사오

---

6) 도리불수 : 도리나 불수 무늬를 놓은 비단을 말하는 것으로 보인다. 즉 복숭아 꽃 무늬에 부처님께 손을 모아 비는 모양의 귤 그림이 그려진 천.
7) 한단漢緞 : 중국에서 나는 비단의 하나.
8) 홍갑사紅甲紗 : 붉은 물을 들인 갑사. 갑사는 고급 비단의 하나로 매우 얇고 가볍다.
9) 주항라朱亢羅 : 붉은 물을 들인 항라. 항라는 씨실을 세 올이나 다섯 올에 걸러서 한 올씩 비우고 짜는 명주로, 얇고 가벼워서 여름용 옷감으로 쓰인다.

너라,"
라 하고는 값을 주어 보냈다.

 그럭저럭 혼사일이 다다르니, 마을의 상하 남녀노소가 빠진 사람 없이 모여 있고, 두 사위도 등장하여 혼인 범절을 착실히 두서 있게 잘 하더라. 신방新房을 수리하여 백릉화개白綾華蓋11)로 벽 위에 청릉12)을 띄우고 각장장판角壯張板13)에 소란반자小欄盤子14)를 놓았다. 방안을 볼작시면 용장봉장龍欌鳳欌15) 미단이에 여단이 각게수리16)며 두 마리 용의 모양을 새겨놓은 붓걸이며, 용머리 장목비17)며, 자개로 장식한 책상이며, 자개 함롱 상자며, 삼 층짜리 장롱이며, 샛별 같은 요강이며, 대병풍, 중병풍, 소병풍, 인물병풍, 산수병풍, 화초병풍 겹겹이 둘러치니, 어와! 다른 것은 이루 다 형용할 수가 없더라.

---

10) 분주盆紬 : 평안도와 황해도에서 나는 명주.
11) 백릉화개白綾華蓋 : 흰빛의 얇은 비단에 화려한 장식을 함.
12) 청릉 : 잠잘 때 덮는 푸른 비단으로 만든 이불. 한漢나라 때 상서랑尚書郎이 입직하면, 푸른 비단의 청릉피靑綾被, 흰 비단 백릉피白綾被, 또는 금색 비단 금피錦被를 주었던 데서 유래한다.
13) 각장장판角壯張板 : 보통 장판 보다 넓고 매우 두꺼운 장판.
14) 소란반자小欄盤子 : 작고 네모난 장식장.
15) 용장봉장 : 용의 머리 모양 혹은 봉황의 나는 모양을 새긴 장대.
16) 각게수리 : 네모난 함처럼 생겨 앞부분에 두 개의 여닫는 문에 모서리마다 무쇠로 된 장식을 달아 경고하게 되어 있으며 중앙에 열쇠를 달아 문서나 귀중품을 보관하였다.
17) 용머리장목비 : 자루는 용머리 모양에 꿩의 깃으로 만든 빗자루.

신부의 집에서 하인이 두꺼비의 집을 찾아가니, 두꺼비가 희희낙락하며 신랑의 위엄과 의식을 갖추었다. 갑사를 몸에 감고 배에는 옥대玉帶를 둘렀으며, 사모관대紗帽冠帶[18]하고 목화木靴[19]를 신고 비단 안장이 얹힌 백마를 탔다. 순금의 아름다운 장막을 걷고 들어가니 그 형상이 우스운데, 턱이 벌렁벌렁, 눈이 꿈적꿈적, 입은 넙죽넙죽하니, 구경하는 사람이 뉘 아니 겁을 내리오?

초례醮禮[20]를 치르는 자리에 들어갈 때, 두꺼비가 네 발로 엉금엉금 기어 들어가니, 구경꾼이 위아래 없이 모였다가 신랑의 형용을 보고는 모두 크게 놀랐다. 얼굴색이 파랗게 질리는 자, 이런 구경이 다시 또 있는가 하며 바라보는 자, 도망치느라 밀치고 자빠지는 자가 무수하였다. 판서 내외는 이불을 뒤집어쓰고 대성통곡하며

"내 집이 이렇게 망할 줄 어찌 알았으리오? 망한 것은 어찌할 수 없다 하겠거니와, 월성의 신세를 생각하니 간담이 떨려 말이 안 나오고 정도 없어진 듯하구나."

하더라.

---

18) 사모관대紗帽冠帶 : 깁으로 짠 모자와 허리에 차는 띠로 즉 벼슬아치들의 정식 복장이다.
19) 목화木靴 : 관복을 차려 입을 때 함께 신는 신발.
20) 초례醮禮 : 전통적으로 치르는 혼례식.

이때 두꺼비가 예禮를 마치고 방으로 들어가는데, 그 몸이 황소 같아 문에 들어가지 못하였다. 하인이 도끼를 가져다가 문설주를 벌리고 벽을 치니, 두꺼비가 겨우 들어가서 삼중석三重席[21]에 엉금엉금 기어가 올라앉았다. 여러 부인이 모였다가 그 거동을 보고, 놀라 정신을 잃고 음식도 먹지 못하고 돌아갔다.

저녁상을 물린 후에 촛불을 돋우고 두꺼비는 양칠간죽洋漆竿竹[22]에 수북하게 놓은 백통귀[23]에 삼동초[24]를 가득 담아 불을 붙여서 피워 물고 풍월風月 하나를 지으니, 그 소리가 맑고 우아하여 옥구슬이 쟁반 위를 구르는 듯하였다.

그럭저럭 밤이 깊은 후에 신부를 불러 달래어 들여보내니, 두꺼비가 일어나 두 번 절하였다. 신부가 겹겹이 수건으로 낯을 가리고 앉아 있으니, 두꺼비가

"오늘 우리 둘이 백년해로를 하려는데, 무슨 연고로 이다지 슬퍼합니까?"

하니, 신부가 울음을 그치고는

"우리 집은 대대로 명문 집안으로 내려왔으나, 부모님께서 자식이 없어 날로 근심하였더니, 늘그막에 우리 삼자매를 두셨

---

21) 삼중석三重席 : 세 겹으로 깔아 놓은 좌석.
22) 양칠간죽洋漆竿竹 : 빨강, 파랑, 노랑의 빛깔로 알록지게 칠한 담배설대.
23) 백통귀 : 대통과 물부리를 백통으로 만든 담뱃대.
24) 삼동초 : 좋은 담배의 일종.

지요. 두 언니는 사부夫의 집에 출가하고 나 혼자 부모의 슬하에 남아 지극히 받은 사랑을 만분의 일이나 갚을까 하였더니, 전생에 무슨 죄로 팔자가 이렇게 기박하여 그대를 삼종지락三從之樂25)으로 생각하게 되었답디까? 이 아니 슬프리까? 차라리 오늘 밤에 죽고자 하니, 그대는 이 몸을 보았다 하지 마소서."
하고는 가슴에서 비수를 꺼내어 들고 죽으려 하거늘, 두꺼비가 달래며

"내 말을 들은 후에 죽고 살기를 마음대로 하시오."
하였다. 이어서 천연히 눈을 꿈적거리면서

"나는 본래 이런 모양이 아니오. 천상에서 비를 내리는 선관仙官이었는데, 인간에 비를 잘못 준 죄로 옥황상제께서 두꺼비의 허물을 씌워 인간에 내치셨소. 마침 두 노인이 물고기를 잡아 생계를 잇다가 물고기를 잡지 못해 하늘에 축원하는지라, 내가 두 분에게 수양자가 되었소이다. 이제 그대를 만났으니, 장차 두 노인을 극진히 섬기다가 하늘로 다시 올라가게 될 것이오. 그런 이유로 하늘이 나와 함께 그대를 점지하셨소. 그대의 부모님께서는 젊은 시절 죄 없는 사람을 많이 죽인 죄26)로 자손이 없었고, 또한 내가 그대와 혼인을 맺음을 허락하여 이 집에 두꺼비 사위인 내가 들어온 것이라오. 원통하게 여기지 말고

---

25) 삼종지락三從之樂 : 어려서는 부모님을 시집가서는 남편을 늙어서는 자식을 따르며 사는 세 가지 여자로서의 즐거움.
26) 재판이 공정하지 못하여 죄인을 제대로 가려내지 못했다는 뜻.

내 말을 허수히 여기지 마시오."

신부가 말하기를

"그 말을 들으니 다 하늘의 운수인지라. 이제는 하는 수 없이 그대 말대로 하여야겠소."

하였다.

두꺼비가 천연히

"내가 반듯이 누울 것이니 칼로 내 배를 갈라 보소서."

신부가 크게 놀라 말하기를,

"세상 만물이 다 배를 가르면 죽는 것인데, 그대는 어찌 그런 말을 하오?"

하니, 두꺼비가

"그러하여야 내가 허물을 벗을 것이니, 염려 말고 내 말대로 하시오."

하였다. 신부가 이 말을 들으니 한편은 반갑고 한편은 놀라, 마음을 단단히 먹고 칼로 두꺼비의 배를 갈랐다. 그러자 두꺼비의 허물이 뚤뚤 말리며 한쪽으로 굴러가고 난데없는 옥골 선관이 일어나 앉았다. 신부가 칼을 던지고 물러앉아 바라보니 풍채는 두목杜牧[27]이요, 얼굴은 마치 보름달이 동쪽 산마루에 오르는 듯하였다.

두꺼비가 고운 신부의 손을 잡고

---

27) 두목杜牧 : BC803~bc852. 자字는 목지牧之. 당唐나라 때의 시인으로 뛰어난 미남.

"그대가 나를 보고 놀라 죽으려 하기에 잠시 허물을 벗었거니와, 내일 아침이면 도로 쓰고 있다가 승천할 때에 다시 벗을 것이요. 부모님께도 그대는 이 말을 하지 마시오."
하고, 등촉燈燭을 물리치고 잠자리에 들었다. 이는 매화 꽃잎이 녹수를 만난 듯하고, 천상에 뜬 범나비가 꽃밭에 든 듯하였다. 새벽이 되어 신부가 일어나 나오는데, 사람들이 이미 신부의 기상이 숙연한 것을 보고, 모든 게 제 팔자라며 불쌍히 여겼다.

두꺼비가 의관을 정제하고 장인을 뵈러 갔는데, 장인과 장모가

"참 우습도다. 저런 것이 어찌 인사나 제대로 하리오."
하며, 본체만체하였다. 이에 두꺼비가 크게 분하여 마음을 진정치 못하여, 턱을 벌렁거리면서 방 안으로 엉금엉금 기어 들어오니, 장인과 장모가 혼비백산하여 기절하였다. 두꺼비가 기가 막혀 사랑으로 돌아오니, 깨어난 후 대감이 경계하여

"이는 필경 하늘이 내 집을 망하게 하려 하는 것이로다."
하며 탄식하였다.

그리고 삼 일을 지낸 후에 두꺼비가 본가에 돌아왔다. 아내와 너불어 부모에게 구고지의舅姑之儀[28]를 극진히 하였으나, 다른

---

28) 구고지의舅姑之義 : 시부모와 며느리와의 관계나 도리. 여기서는 두꺼비와 월성낭자가 두 늙은이에게 정성을 쏟음.

사람들은 월성을 보고 사는 게 사는 것 같지 않을 거라며 측은해 하였다.
 이윽고 세월이 한 해 두 해 흐르고, 두 노인은 병이 들어 백약을 써도 아무 효험이 없어 죽을 지경에 이르렀으니 그 정상이 가련하였다. 두꺼비가 지성으로 하늘께 축원하였으나 끝내 병을 이기지 못하고 별세하니, 두꺼비 내외가가 애통해하기를 마지않았다.
 예를 다해 선산에 안장하고 돌아왔는데, 한 사람도 문상하는 자가 없었다. 3개월이 지나도록 마을 사람뿐 아니라 동서들도 한 번 문안하는 일이 없거늘, 두꺼비가 분을 이기지 못하여 턱만 벌렁벌렁거렸다.

 이때가 춘삼월 보름날이었다. 녹음방초가 무성한데 두꺼비가 마음이 심란하여 억제치 못하고 있던 차에, 마침 장인의 회갑回甲이 멀지 아니 하였다.
 이때 두 동서는 두꺼비에게 권하지 않고, 자기들끼리만 의논하여 행구行具를 차렸다. 그 거동을 살펴보니 사냥개를 데리고 총과 매와 병졸들을 데리고 가는 것이, 필경 사냥하러 가는 것이었다. 그러나 두꺼비더러는 이런저런 말 한 마디도 없어, 두꺼비가 크게 화를 내며 사랑으로 기어나가 장인께 여쭈되,
 "들사오니 두 동서들이 사냥 갔다 하온데, 저도 사냥이나 조금 하고 오겠으니 차비를 차려 주소서."

라 하였다. 대감이 기가 막혀 웃으면서 두꺼비의 거동을 살펴보고는

"네딴 것이 사냥을 어찌 한단 말인가? 공연히 즐기다 죽을 일 내지 말고 내 집 방에 엎드려 있어라."
하시니, 두꺼비가 다시 여쭈되

"사냥을 하든지 못 하든지 구경이나 하고자 하니 노복과 말을 준비하여 차려 주소서."
하였다. 이 말을 대감이 듣고 두꺼비에게 노비와 말을 대령하여 차비를 차려 주었다. 두꺼비가 하인에게 분부하되

"너희는 내가 가자하는 데로만 가자."
하였다. 그리고는 하인들과 깊은 계곡으로 들어갔다.

두꺼비가 사면을 살펴보더니, 필묵함에서 종이와 붓을 꺼내어 배(倍) 자를 한 장 썼다. 그것을 하인에게 주면서

"이 아래로 십 리를 가면 큰 바위 밑에 감투 쓴 거사가 있을 것이니, 그 사람에게 이 '배' 자 쓴 종이를 주고 바삐 대령하라 하고, 너는 즉시 돌아오너라."
라 하니, 하인이 마음속으로 우습게 여겼다. 그래도

"내가 가서 사실인지 한 번 확인해 보리라."
라고 생각하여, 모자를 제껴 쓰고 지팡이를 둘러메고 찾아갔다. 과연 바위 아래에 한 거사가 있거늘, 하인이 '배' 자를 주고 분부한 대로 말했다. 거사는 '배' 자를 보더니 혼잣말로,

"무엇을 하시기로 이다지 청하는고?"

하는 것이었다. 하인들이 돌아오며 서로
"괴이도 하고, 이상도 하네."
하였다.

얼마 지나지 않아 난데없는 바람이 일어나더니 죽장을 메고 염불하며 거사가 내려왔다. 하인들이 가 보니 그 거사가 갖가지 짐승을 잡아 놓았다. 자세히 보니 노루, 사슴과 장끼, 까투리, 토끼 등 온갖 짐승을 헤아릴 수 없을 만큼 대령하였다. 거사가 두꺼비에게 문안하니 두꺼비가 분부하되
"노루, 사슴, 토끼는 다 놓아 주고 장끼, 까투리만 백 마리 만들어라."
하니, 거사가 죽장을 메고는 노루, 사슴과 토끼를 다 놓아 주고 나머지 짐승들의 수를 늘려 놓았다. 두꺼비가 다시 분부하여 말하기를
"네 재주를 잠깐 보자."
하였다. 거사가 감투를 벗어 놓고 이리 뛰고 저리 뛰다가 큰 호랑이가 되어 붉디붉은 입을 벌리고 소리를 벽력같이 지르며 하인에게 달려들거늘, 하인이 기절하여 엎어지며 자빠졌다. 이때 두꺼비가 백호白虎를 향하여 주문을 외우니, 백호白虎가 도로 거사가 되었다. 이에 종들이 두꺼비에게 겁을 내기를 대감보다 더 하였다. 두꺼비가 하인들에게
"너희들이 만약 내 술법術法을 누설하면 너희는 다 나에게

죽을 것이다."
하였다.

　짐을 지고 돌아오는 길에 두 동서를 만났다. 동서들이 두꺼비는 돌아보지도 아니 하였으나, 하인 셋이 무겁게 지고 오는 장끼, 까투리를 보고 놀랐다. 하인들이
　"두꺼비 서방님이 잡은 것이라."
하였다. 두 동서는 장끼는 고사하고 쥐 한 마리도 잡지 못하였다. 두꺼비가
　"자네들은 얼마나 잡았는고?"
하면서 조롱하거늘, 두 동서가 그제야 두꺼비에게 비는 듯이,
　"자네는 사냥을 못하여도 관계없거니와 우리는 책망이 있을 것이니, 자네 사냥한 것을 우리에게 주면 어떻겠나?"
라고 하였다. 두꺼비가 말하기를
　"내 동서에게 무엇을 아끼리요? 그러나 나는 본시 그런 것을 줄 때 그 사람의 등에 도장을 찍으니, 동서들은 언짢게 생각하지 마오."
하였다. 그래도 두 사람이 사냥한 것을 욕심내니, 두꺼비가 쾌히 허락하며, 필낭筆囊에서 필묵을 꺼내어 벼루 뚜껑을 벗기고 먹을 묻혀서 등에다 도장을 찍고 종에게 분부하되
　"사냥한 짐승들을 다 주어라."
하였다. 하인들이 두꺼비의 명命대로 잡은 것을 다 주니, 동서와

여러 하인이 기뻐하였다. 사냥한 짐을 지고 들어가니 집안사람들과 장인과 장모가 칭찬하였다. 뒤늦게 두꺼비가 빈손으로 턱을 덜렁거리며 헐떡헐떡 들어오니, 집안사람들과 노복들이 이르기를

"저런 것이 사냥을 어찌 한단 말인가."
하더라.

그럭저럭 회갑回甲 날이 이르러 마을에 사는 사람이면 상중하 남녀노소 없이 모였는지라. 맏사위와 둘째사위도 참석하여 사수四睡병풍29)이며 빛나는 장막 천으로 햇볕을 가리고, 맑고 아름다운 색채를 띠우는 듯한, 춤과 노래, 양금洋琴30), 거문고를 희롱하며 유유히 좌우로 펼치며 놀았다. 이러한 경사에 두꺼비 내외는 못 오게 하였으니, 그네들이 두꺼비를 매우 미워하기 때문이었다.

이에 두꺼비가 분하여 진언眞言31)을 외워 그 허물을 벗으니, 하늘에서 청모시 한 필과 하인 열 셋이 내려왔다. 살펴보니 층층다리 무지개 안장에 황금 등자鐙子32)를 걸었으며, 하인들이

---

29) 사수四睡 : 동양화에서 한산・습득・풍간의 세 선사禪師가 범과 함께 잠자고 있는 모습을 다룬 그림.
30) 양금洋琴 : 국악에서 쓰는 현악기의 한 가지. 네모 모양의 나무판에 열네 개의 쇠줄을 매어 채로 쳐서 소리를 냄.
31) 진언眞言 : 밀교 계통의 불교에서 외는 불경. 한역하지 않고 산스크리트어를 그냥 사용한다. 고소설에서는 인물이 도술을 부릴 때 외는 일종의 주문으로 쓰인다.

치장한 것을 보니 슬렁슬렁 벙거지에 열십자 끈을 넓게 달고 흑띠와 복끈을 둘러메고 육모방망이33) 등을 거꾸로 잡고 두꺼비에게 문안하였다. 두꺼비 또한 어느 새 선관仙官의 의복을 제대로 갖추었다. 이리하여 윗문을 나오니 뉘라서 두꺼비인 줄 알리오.

두꺼비가 곧바로 잔치하는 집 사랑에 들어가 대감께 뵈오니, 대감과 좌중座中이 모두 그 풍채를 보고 놀라 입을 다물지 못하였다. 대감이 말하기를
"어디에 계시며 뉘 댁 사람입니까?"
하니, 두꺼비가 답하기를
"소생은 평안도 송천부에 사는데, 대대로 부린 종 두 놈을 잃고 찾지 못하였더니, 소문을 들으니 이 댁에 왔다 하기로 불원천리不遠千里하고 찾아왔습니다."
대감이 대답하기를,
"내 이번 잔치에 종들이 다 모였으니 찾아 가십시오."
하니, 두꺼비가
"이 중에는 없고 작은 사랑에 있사오니, 대감은 달리 여기지 마십시오."
하니, 대감이 말하기를

---

32) 등자鐙子 : 말을 탈 때 두 발을 디디는 제구.
33) 육모방망이 : 역졸이나 포졸들이 사용하는, 여섯 모가 진 방망이.

"저는 제대로 알지 못하겠으니, 그자들이 누군지요?"

두꺼비가 말하기를

"대감의 사위 둘입니다."

라고 하였다. 대감은 기가 막혀 묵묵부답默默不答하고, 두 사위 내외는 크게 노하여

"우리가 일찍 등과登科하여 벼슬이 이품二品이로되 벼슬을 사양하고 고향에 돌아왔더니 어떤 자가 왔기에 미친 말로 경을 칠 소리를 하느냐?"

하고 크게 책망하니 두꺼비가

"두 사람에게 표가 있거늘 어찌 남의 말을 헛말이라 하는가? 우리집 법은 등에 그림이나 도장으로 표를 한다."

하고, 두 동서를 가리키며

"저 놈들이 나의 종이로소이다."

하였다. 대감이 기가 막혀 옷을 벗기고 보니 과연 그 표가 완연한지라. 두꺼비가 호령하여 말하기를

"저 두 놈을 잡아 결박하라."

하는 소리가 천지를 진동시켰다. 하인이 달려들어 거행하자 두꺼비가 호령을 더욱 추상같이 하는데, 뉘라서 능히 그것을 말리리오? 두꺼비가 호령하기를

"너희가 옷과 밥이 부족하다고 상전을 배반하고 도망하여, 양반에게 장가를 들어 제법 사랑에 앉았다만 어찌 망녕치 아니하리오?"

또 호령하기를

"종놈을 매달아 항복을 받도록 하라."

하는 소리가 천지를 뒤흔드는 듯하였다.

안에서 부인이 이 말을 듣고 통곡하기를

"팔자도 무상하여 딸 하나는 두꺼비 사위를 보고, 딸 둘은 남의 종놈 사위를 보게 되었나!"

하였다. 잔치는 성대하나 분위기는 초상난 집 같더라.

이때 두 사위가 장인께 아뢰기를

"저 사람에게서 한때 도장이나 표를 받은 일은 따로 없고, 우리들이 지난날 사냥 갔을 때에 두꺼비 동서를 만나서 이리이리 하였습니다."

라고 자백하였다. 놀란 대감이 급히 하인을 시켜 두꺼비 사위를 데려오라 하였다. 그러나 곳곳을 찾아도 없는지라. 대감에게 찾지 못함을 아뢰니 대감이 더욱 놀라서 하인을 모두 풀어 사방으로 찾는데, 두꺼비는 벌써 형체를 변형하고 있었으니 두꺼비를 어디에 가서 찾으리오?

그때서야 두꺼비가 마음을 가라앉히고 대감께 절하며

"대감은 너무 근심 마십시오. 제가 두꺼비 사위로소이다."

하였다. 대감이 깜짝 놀라며 반기기를

"두꺼비 사위가 그대인가? 무슨 연고로 두꺼비 허물을 쓰고 사람을 그다지 속이느냐?"

두꺼비가 장인에게 말하기를

"소생은 본디 두꺼비의 모양이 아니라 천상에서 비를 내려 주는 선관仙官이었더니, 인간에 비를 잘못 내린 죄로 옥황상제 께서 허물을 씌워 인간에 내쳐서 어부 노인에게 수양자가 되도 록 하였습니다. 대감의 사위가 된 것은 다름이 아니라, 대감께 서 젊은 시절 벼슬할 때에 애매한 사람을 많이 죽인 죄로 두꺼비 사위를 점지하고 자손을 없게 한 것입니다."
하니, 그제야 대감이 즐겁기도 하고 한편 슬프기도 한 마음을 그치지 못하였다. 부인도 이 말을 듣고는 마음을 진정치 못하며 기뻐하고 칭찬하여 말하기를

"저러한 인물로 그 흉한 허물을 쓰고 있었던가! 내 딸 월성은 벌써 알았을 것이건만 그런 말을 추호도 하지 않았으니, 저런 줄 뉘 알았으리요?"
하며 대단히 기뻐하였다.

"저렇게나 좋은 풍채가 이 세상에 어디에 있으리오."
하고 반기며 좋아하니, 뉘 아니 부러워하리오?

선관이 두 동서를 돌아보고 말하기를
"그대들은 나를 너무 업신여긴 죄로 욕을 보였노라."
하였다. 뒤이어 선관이 빈 상자를 장인에게 올리고는 말하기를
"이것을 간수해 두면 부귀할 것이니 잘 간수하소서."
하고는 곧 소저를 불러 자초지종을 알렸다.

얼마 지나지 않아 뇌성벽력이 진동하면서 천상에서 옥玉으로

된 교자轎子[34]가 내려오거늘 선관이 장인장모에게

"정히 섭섭하오나 천명을 이기지 못하고 천상으로 올라가니 어찌할 도리가 없습니다. 만수무강 하십시오."

하였다. 또한 월성 소저에게 말하기를

"부모를 모시고 평안히 계십시오."

라고 하니, 소저가 크게 놀라

"예로부터 '여필종부女必從夫'라 하였으니 어찌 가군家君을 따르지 아니 하리오?"

하였다. 이에 선관이 말하기를

"나를 따라오고자 부모를 이별해도 괜찮겠소?"

하니, 소저가 부모님께 허락을 받고자 하였다. 부모가 낙심하여 눈물을 흘리며

"꿈결이냐? 생시냐? 이것이 웬 말인가!"

딸의 손을 잡고 통곡하여도 다른 수가 없는지라. 소저가 더욱 크게 통곡하여 말하기를

"불효 여식은 생각지 마시고, 만수무강 하십시오."

하여, 소저와 선관이 함께 대감 내외에게 하직하였다.

이어서 선관仙官이 소저를 데리고 옥교자玉轎子에 오르니 난데없는 불덩이가 오락가락하며 쌍무지개가 자욱이 올랐다. 이윽고 풍파가 일어나며 사람을 분별치 못할 때, 옥색 수레가

---

[34] 교자轎子 : 두 사람이 메고 가는 가마. 종일품 이상 및 기로소耆老所의 당상관이 타는 가마이다.

하늘로 완연히 오르는 것이었다.

  이 책을 보시면 아무라도 사람을 함부로 업신여길 것이 아니로다.
  이 책의 글씨 제대로 되지 못하였으나 돌려 보시기를 희망합니다.

      이 책 주인은 연고댁이라.
        갑인년甲寅年 배껴썻노라.

III. 〈쑤겁젼이라〉 원문

P.1

죠션국 평안도 영평 왈슉순 하의 흔 스람 이스믹 성은 양이요 명은 획칙이라 농업을 젼폐ㅎ고 강틱공를 쫏을 바다 어부 되여 고기 낙긔을 힘쓰더이 가슨이 ᄌ연 탕픽ㅎ여 죠셕도 잇기가 어렵온지라 할 길 업셔 고기 ᄂ가 죠셕을 이여 연명을할가 글려 나 낙기딕를 미고 죠딕로 나려가 낙기딕을 물레 쩐지고 종일 안ᄌ 공을 드려도 고기ᄂ 한 마리도

P.2

못 잡고 힝난 셔산에 넝굴〃〃 넘엄가고 달은 동령에 올나오고 물은 츙〃흔지라 할 길 업셔 낙기되를 거더 미고 집으로 도라오면 신셰를 싱각ㅎ니 자연 비춤ㅎ여 눈물을 슬허하며 나일 통곡ㅎ고 도라오이 할미는 고기 잡아오기마 젼혀 밋고 좃식기고 기다리더이 고기를 못 잡아가지고 옴을 보고 앙쳔 탄식 왈 우리 둘 늘근이가 고기를 잡아 죠셕을 연명 보젼ㅎ러이 인져는 고기 업셔지고 무어스로 싱익할고 셜흠ㅎ고 명쳔니

P.3

감동하스 우리 둘 늬이 어엿비 예기시고 고기 줍피계 ㅎᄋᆞᆸ소셔 노인 양외가 그 날 밤에 줌을 이뤄지 못하야 젼ᄉ반측ㅎ는라이

싱각난 거슨 고기 뿐니라 달는 올나 황혼되고 계명셩은 둘러거
늘 시기을 고딕ᄒ여 동방이 발ᄀ오면 히 가로다 물 솔 깃치
펴쳐스나 노인 양위가 정신 아득ᄒ고 긔력기 시지ᄒ여 긔운이
ᄉ 추려 이로딕 오날은 둘 늘근이가 가셔 보셰 ᄒ고 불 들고
가만〃〃 물가으로 가셔 물 속을 살펴본니 고기는 하낫도 업고
난딕업는

P.4
쑥겁이가 잇는지라 노인 양위가 딕경실식ᄒ여 왈 너 나 엇터ᄒ
기싱이라딕 이 슈즁의 고기를 다 쥬어 먹고 하낫도 업씨 ᄒ니
우리난 엇지 안 죽계 ᄒ이 엇지 김싱이라도 몹
스지 아이하리요 ᄒ며 무슈히 ᄌ탄하니 쑥겁이가 젼면 입을
넙쥭〃〃ᄒ면 말을 하여 가로딕 나는 비록 흉악ᄒ 김싱이라
고기 하낫도 먹은 빈 업나이라 ᄒ면 다시
말하되 노인니 나를 이 갓치 원망하니 늘근이돌과 홀 □슈가
업셔 할 말은 업거이와 고기 업셔 쥭글 지경

P.5
에 당ᄒ엿스이 아모리 김싱이들 엇지 불ᄉᄒ 스람를 무르리요
노인 양위쎠셔 날를 다러다가 걱니곡시며 ᄌ연 부귀할 거시니
부딕 〃〃 나를 다려가아소셔 노인 왈 네
말이 그러하면 다려가려니와 그딕로 안이 되면 우리 늘근이가
눈을 쓰고 안ᄌ 굼고 너도 고연히 굴물 거시이 그 아니 답〃ᄒ랴

쑥겁 왈 엇지 노일을 쓰기리요 호거늘 노인 양위 디히하야 쑥겁을 든에 업고 할미는 치마를 벼셔 쑥겁의 등이 덥고 뒤에 부축하여 영집으로 도라와셔 방

P.6
문을 그피 얼고 이르러논즉 그 놈 쑥겁이 기가 방 안을 엉금〃〃 다니면셔 파리을 줍아 먹근니 요기가 착실혼지라 노인다려 무러 왈 히가 져무으럿습잇가 디 왈 발셔 어두워 초경이 되엿난지라 쑥겁이 왈 슘경 후에 할 일 잇다 하더니 어년 지가에 슘경이 되믹 쑥겁이가 마당을 엉금〃〃 기예 나가더이 스방으로 무슨 긔운을 토혼즉 우화 셔화호 난 소릭 낭즁호거늘 노옹 양위 놀늬여 나가본즉 난듸업는 쌀바리며 돈 바리며 비단 바리가 좌우에 무슈히 들러오난지라

P.7
노옹 양위가 쑥겁의 슐법 죠환줄 알고 희〃낙〃하면 가져다가 고방에 감슈호고 하로 가고 잇들 가고 한 달 가고 두 달 가 셰월이 여류하며 노옹 부쳐 양위가 슬허호는 비친 잇거날 쑥겁이가 노옹 양위쎄 문 왈 무삼 일노 슬허하시난잇가 노옹 왈 슬하에 일쳡혈륙이 업스니 일노 한탄호노라 호니 쑥겁 왈 저도 부모 농싱 일가치젹 업스오니 일신이 고단호여 의탁할 곳이 업셔 노인과 부모지의를 믹자 지경에 극진히 셰월을 보늬더라 쑥겁이 몸이 점〃 장셩호니 흔 칸 방 안

P.8
이 가득ᄒ터라 노옹 양위 밤이며 줌을 편이 시지 못ᄒ더라 맛ᄎᆷ 잇 ᄯᅥ 츄삼월이라 쑥겁이 마암에 살란하여 부모ᄭᅦ 엇ᄌᆞ오되 셰ᄉᆞᆼ 만물이 다 ᄶᅡ이 잇ᄉᆞ오이 저도 즁ᄒᆞᆫ 쳡를 어더 영화로 지ᄂᆡ면 이 아니 부모ᄭᅦ 경ᄉᆞ오닛가 옹 왈 너 말이 가장키 긔특ᄒᆞ도다 너 형용이 남과 다름이듸 어듸 가 혼쳐를 구하며 누다려 즁미하려 ᄒᆞ리요 쑥겁 왈 쎠ᄉᆞᆼ 만물지즁에 그ᄉᆞᆺ하도 싹이 잇습거날 나는 어이 업삽ᄂᆞᆫ잇가 부모임은 가라치는 듸로 ᄒᆞ며 마ᄉᆞ가 될 거시니 그듸로 ᄋᆞᆸ쇼셔 부친은 이 산을 넘어가오며

P.9
판셔 지ᄂᆡ 지상이 잇슬거시니 그 집에 ᄯᅡᆯ 삼형졔 주엇스듸 맛ᄯᅡᆯ 일홈은 월경인듸 졍상셔 맛며나리 되고 두ᄌᆡᄯᅡᆯ 일홈은 월명인듸 조판셔 맛며나리 되고 솃졔을 월셩인듸 츌가 아즉 아이 하고 나은 십팔셰라 월틱 화용이 삼형졔 즁에 ᄲᅱ여나고 이 셰ᄉᆞᆼ에 싹기 업고 겸ᄒᆞ여 문필이 유여ᄒᆞ니 자치는 박판셔 집이 가 보시고 쳥혼ᄒᆞᄋᆞᆸ소셔 옹이 왈
네 말이 가장 올토다 하고 네 말듸로 일품 지상가에 구혼ᄒᆞ다가 죄를 동면 엇지 하리요 쑥겁 왈 늬가 여긔셔 방비

P.10
ᄒᆞ엿스니 엄여 마압시고 가옵소셔 노인이 할미를 지쵹ᄒᆞ야 보ᄂᆡ니 할미가 곳교ᄌᆞ를 타고 박판셔듸으로 가셔 파셔ᄭᅦ 문안ᄒᆞ

고 쑥겁이 자초시종을 다 셜화하고 혼인을 쳥
혼하니 파셔가 딕노ᄒᆞ여 하인을 불너 호령ᄒᆞ며 이 밋친할미을
잡아닉라 ᄒᆞ니 여러 하인 일시셩연ᄒᆞ고 일씨에 달여드러 조
할미 목을 치이 검광이 비치 나며 하미 목 써러셔 싸에 둥실〃
구우다가 도로 올나 붓틋면 커기 소릭을 시으니 판셔가 할미을
본즉 무셥고 두려온지라 밧비 닉당

P.11

에 들어가 부인으게 일너 왈 우리 집 운수가 그만이지션만 인에
이르려 흔번 귀가 어딕 이스리요 장차 엇지 하어야 수 편ᄒᆞ오리
잇가 부인 왈 혼인 지닉넌지 못 지닉던지 그 말솜 듯사오니
십분 놀납사온지라 사람 모양이나 보사이다 ᄒᆞ고 할미을 쳥하
야 보니 쯤 써러젓던 목이 피 흔 졈 안나고 쳔연하거날 파셔
양위 딕경하야 즉시 허혼ᄒᆞ고 퇵일ᄒᆞ니 불과 슈일 젹한지라
할미가 집으로 도라와 파셔쎄옵셔 본 말과 쳥혼 되여 퇵일흔
말을 져히〃 하이 쑥

P.12

겁이 희〃낙〃ᄒᆞ여 혼슈범졀 츠리더라 잇 씩 판셔가 할미를
보닉고 월셩를 부너 것틱 안치고 타식 왈 월셩 소을 잡고 너히
신셰 불상ᄒᆞ도다 ᄒᆞ고 혼슈나 힘쎠 ᄒᆞ여 쥬지 ᄒᆞ고 하인를 불너
분부하여 왈 네가 혼슈을 ᄒᆞ여 오라 각식 고단과 홍딕 단 치민며
남딕 단 속치민며 도릭 불슈 한단 공단 홍갑스면 쥬항나 각식

분쥬면 각식 비단 포빅를 낫"치 다 사 오라 분부하여 가셔 갑슬 쥬여 보니더라 그렁져

P.13
렁 혼일이 다"르이 말를 지상과 승하 남에노소 업셔 모허 잇고 두 사회가 즁장ᄒ고 혼인 범졀를 착실이 두식잇쎄 잘 ᄒ더라 신방를 슈뢰하여 빅능 화게로 벽 승에 쳥능를 쒸고 각장 즌판 쇼리 반즈요 방 안 셰가 볼 즉시며 용즁 봉즁 니다거 쎄다지 갓게슈며 쌍용의 붓첩이며 용머리 즁목비며 지금다리 칙상이며 지기함농 상즈면 슘층거리 즁노이며 식별 갓타 용강이면 디평풍 즁평풍 쇼병

P.14
풍이면 인물 평풍 슨슈 평풍 화초 평풍 겹"이 두너치고 어와 다를치랑는의불과 형용할 슈가 업더라 신부의 집에셔 하인이 쑥겁의 집을 가이 쑥겁이가 희"낙ᄒ며 신랑의 위의를 가쵸으되 유문 갑스과 복에 옥디을 쒸고 스모를 쓰고 목혹를 신고 비단 빅말
에 슘금 아장을 지어라고 넙쥭이 드려간이 그 형상이야 농할제 퇵이 별넝"" 입은 넙쥭"" ᄒ이 구경하난 스람 뉘 아이 겹을 안이 니리요 초러에 드

P.15
러갈 제 넷 발노 엄금〃 긔여 드러가이 승하 업시 못엿다가 실랑의 형용를 보고 되경실식ᄒ여 초러를 치루이 모다 보고 엇지 이런 구경 다시 또 인난가 ᄒ더라 잡바지는 직 무슈ᄒ더라 판셔 너외는 이불 씨고 되셩통곡 왈 니 집에 이다지 망흘 줄 엇지 알라
스리요 망ᄒ기는 엇지 안이 하거니와 월셩의 신셰를 식각하이 간담이 셜러 말리 안인 나고 졍이 업다 ᄒ더라 이 씨 쑥겁이난 러를 마치고 방으로 드러갈 제

P.16
눈런 소 갓ᄒ여 문의 드러가지 못더라 하인은 동기를 가져다가 문셜쥬를 벼히고 벽을 치고 들러가 슘즁셕에 엄금〃〃 긔여 올나 안지이 여러 부인니 모엿다가 그 거동를 보고 놀너여 졍신을 일코 음식도 먹지못ᄒ고 도라가더라 지역상를 물인 후에 초불을 도
드으고 양칠 관죽에 슈복 노흔 빅통퀴에 삼동초를 가득 담아 부치셔 피여 물고 풍월 ᄒ나를 지은니 그 쇼리가 쳥아하야 옥그릇 씨치는 듯 그렁져렁 밤이

P.17
깁흔 후의 신부을 불너 달너여 드레 보너이 쑥겁이 이러 직비ᄒ고 마치 후에 신부는 겹슈거으로 낫철 가리우고 안즈거늘 쑥겁

이 왈 올날 우리 두리 빅연히로 할 거시이 무삼 연고로 이다지 슬허 하나요 ᄒᆞ이 신부가 우름 긋치고 답 왈 우리 집이 티〃 공후거족으로 나러오다가 우리 부모은 ᄌᆞ식 업셔 날노 슬허ᄒᆞ더이 늣기야 우리 삼형졔를 두업습더니 두 형은 ᄉᆞ부의 집에 츌가하고 니 혼ᄌᆞ 남아 부모의 휼ᄒᆞ심

P.18
에 지극히 짚흔 사졍를 만분지 일이나 갑흘가 하엿더이 젼싱의 무삼 죄로 팔ᄌᆞ가 이다지 긔함ᄒᆞ야 그디를 삼종지낙를 싱각ᄒᆞ이 이 아니 셜ᄒᆞ릿가 ᄎᆞ라리 니 몸이 오날 밤에 차ᄅᆞ의 죽고져 ᄒᆞ이 그디는 니 몸을 본 체 마라 ᄒᆞ고 가슴에셔 보검을 들고 죽을나 ᄒᆞ거날 쑥겁긔가 마혜위셔 말로디 말슴을 드른 후에 죽고 살기를 임이로 하압소셔 쳔연이 눈를 썹젹거리면셔 가로디 져도 본 이 모양이니 아이라 쳔ᄉᆞ에 유슈 맛튼 션관

P.19
으로셔 인간에 비 그릇 좃단 허물로 하야곰 옥황께 우션 쑥겁의 허물을 씨여 인간의 니쳐 어렵은 노옹 양위긔 슈양ᄌᆞ 되야 그디를 맛ᄂᆞ 노인 양위을 극진이 셤기ᄃᆞ가 하늘노 다시 올나갈 것시요 노인 양위 곡기 잡아 싱익ᄒᆞ다가 고기 못 잡앗다 ᄒᆞ여 할날써 츅원함을 보고 두를 졈졔ᄒᆞ시미요 그디 부모늬게 혼인지니기는 다름 아이라 소시젹 벼살할 씨에 이미한 ᄉᆞ람을 만이 쥭긴 죄로 ᄌᆞ손 업고 쑥겁 ᄉᆞ회 졈졔ᄒᆞ신 빅라 원통이 역기지 말고 니 말

P.20

을 허쇼히 역이지 말라 ᄒᆞ이 신부 왈 그 말을 드르이 다 천슈라 인졔ᄂᆞᆫ 할 슈 업셔 그ᄃᆡ 말을 신힝할 터이라 ᄒᆞ이 쑥겁이 쳔연이 가로ᄃᆡ ᄂᆡ 반듯시 누을 거시이 이 칼로 ᄂᆡ ᄇᆡ를 갈나 보라 신부 ᄃᆡ경 왈 셰숭 만물이 다 ᄇᆡ를 가르면 쥭ᄂᆞᆫ 거신ᄃᆡ 그ᄃᆡ난 엇지 사리요 ᄒᆞ이 쑥겁이 왈 그러한면 ᄂᆡ가 허물을 벼슬 거시이 엄여 말고 ᄂᆡ 말ᄃᆡ로 하라 ᄒᆞ거날 신부가 이 말 듯고 일변은 반갑고 일변은 노ᄂᆡ여 마암를 단"이 가지고 칼로 쑥겁의 ᄇᆡ를 갈르이 쑥겁의 허물은 쑬 말라여 한 쪽

P.21

으로 가며 난ᄃᆡ없ᄂᆞᆫ 옥골션과 이러나와 션과이 안거날 시부 칼를 던지고 물너 아즈 보니 풍치ᄂᆞᆫ 두목이요 얼골은 망월이 동령에 오르낫 듯 ᄒᆞ더라 쑥겁이 셤"옥슈로 신부의 소을 잡고 그ᄃᆡ난 나를 보고 노ᄂᆡ예 쥭그러 하기로 잠시 허물를 벼셔거니와 ᄂᆡ일 아츰이면 도로 쓰고 잇다가 승천할 ᄯᅥ에 다시 벼슬 거시이요 부모의 긔부우져도 이런 말을 ᄒᆞ지 마라 ᄒᆞ고 등쵹를 물이치고 연침하야 믜원낭이 록슈를 마닌 듯 하더라 쳥상에 쯧 범남비 화쵸 밧 속에 든 듯 하더라 일경이

P.22

신부 일너 나오니 부모 임이 신부의 긔상이 연흠를 보고 져의 팔지라 ᄒᆞ더라 쑥겁이 의관를 졍졔ᄒᆞ고 빙부에게 뵈오리라 한

딕 빙부모는 참 우습도다 ᄒ고 빙부모 하는 말리 져린 거시 엇지 인사 이스리요 본 체 안이 하거날 쭉겁이 딕분ᄒ야 마음을 딕발ᄒ야 틱이 별넝〃〃ᄒ면 안으로 엄금〃〃 긔여 드러오이 빙부모 혼비빅발ᄒ여 긔졀ᄒ더라 쭉겁이가 긔가 막혀 ᄉᆞ랑으로 도라오니 딕감이 경계ᄒ여 일너 왈 이 네 뉘가 닉 집를 망케ᄒ랴 하더라 삼일 지닉 후 본가에 도라와 안희로 더부려 부모 구고

P.23
지의를 극지히 ᄒ이 다른 삼은 월셩은 인싱이 안이라 ᄒ더라 가러타 노인 양위 벼이 드러 빅약이 무효라 죽을 지경에 이르거날 쭉겁이 지셩으로 하날께 츅원ᄒ되 마참 회칙 못 ᄒ야 별셰ᄒ이 쭉겁이 닉외 익통ᄒ고 례를 써셔 션산에 안중ᄒ고 도라오니 한 ᄉᆞ람도 문승ᄒ난 지 업고 삼삭이 지닉도 마를 ᄉᆞ람과 동셔도 한 변 문안ᄒᄂᆞᆫ 법이 업
거ᄂᆞᆯ 쭉겁이가 분를 이기지 못하야 틱이 별넝〃〃ᄒ더라 각셜 잇 딕ᄂᆞᆫ 츈삼월 망간이라 녹음방초 무셩ᄒ이

P.24
쭉겁이 마암이 살ᄂᆞᆫ하야 억졔치 못 ᄒ더라 마츰닉 쟝인의 회갑이 며지 안이 ᄒ엿난지라 두 동셔를이 외론ᄒ여 ᄉᆞᆼ양ᄒ려 가자 ᄒ고 ᄉᆞᆫ양하로 갈긔 힝구를 ᄎᆞ려가지고 가이 거동를 볼 즉시면 ᄉᆞᆫ양기를 다리고 총과 ᄆᆡ와 슈빙명화를 다리고 가거늘 쭉겁다려ᄂᆞᆫ 뭇ᄂᆞᆫ 볍도 업ᄂᆞᆫ지라 쭉겁이 딕발ᄒ야 사랑 긔여나가 장인

셰 엿즈오듸 듯사오니 두 동셔들이 산양 갓다 ᄒᆞ니 저도 산양이나 조금 ᄒᆞ고져 옥긔 저을 ᄎᆞ러 쥬압소셔 ᄒᆞ듸 듸감 긔가 막혀 워셔 가로듸 네 단거시 슨

P.25
양이 어듸 이스리요 고연이 질기 죽을 말 말고 늬 집 방에 업드럿거라 ᄒᆞ시이 쭉겁이 다시 엿즈오듸 사양이슨 ᄒᆞ덧지 못던지 구경이나 ᄒᆞ고저 ᄒᆞ오이 이마ᄂᆞ ᄎᆞ려 쥬압소셔 듸감이 드고 쭉겁에게 인마를 ᄎᆞ려쥬이 쭉겁이 하인게 부″하되 네가 늬 가즈 ᄒᆞ난 듸로만 가즈 하이 하인들이 가더니 심곡으로 드러가눈지라 사면을 살펴보고 필낭에 지필를 늬여 빅즈를 ᄒᆞᆫ 즁 써셔 한인를 쥬면 일너 왈 이 알노 십이만 간면 큰 바회 밋픠노 감토 쓴 거즈가 이슬 거시이 그 ᄉᆞ람에게 빅즈를

P.26
쥬고 밧비 듸령ᄒᆞ라 ᄒᆞ고 너는 즉시 도라오라 ᄒᆞ이 하인의 마암에 우슈히 너이더라 가셔 보리라 ᄒᆞ고 동펑치를 잭회스고 지평이를 두런지고 ᄎᆞᄌᆞ 가이 과연 바회 아리 한 거스 놈이 닛거날 빅즈를 쥬고 부″하듸로 ᄒᆞ니 거스 빅즈를 보고 지 혼즈 날노 무엇을 ᄒᆞ시기로 이다지 청ᄒᆞ난고 ᄒᆞ이 하일 둘이 도라오며 셔로 이로듸 고이ᄒᆞ고 이슝ᄒᆞ도다 ᄒᆞ더라 이윽ᄒᆞ여 나듸업난 바람이 이러나며 더이 ᄒᆞᆫ 거름에 쥭츠을 믹고 연불ᄒᆞ며 나러오거날 한인들리 나러가보이 각식 김싱을 만이 잡아

P.27

가지고 오거날 주셔이 본즉 무어시 아이라 노루 사슴과 중끼 쌋토리 토기 등 물을 슈 업시 다 되령ㅎ엿터라 거시 쑥겁의게 문안ㅎ이 쑥겁이 분″ㅎ되 노르 스슴 토기난 다 방송ㅎ고 장끼 까토리만 빅음 만드리라 ㅎ이 거스 죽층을 믜고 노르스슴과 토기난 다 노아 보너더라 쑥겁이 다시 분″ 왈 네 지조를 좀관 보즈 ㅎ이 거스 놈이 감토를 버셔 놋코 이리 쒸고 져리 쒸이 쳔연 되호가 되여 쥬흥 갓튼 입을 별리고 소리를 썍역 갓치 지르이 하인에게 달려들거

P.28

날 하인이 긔졀ㅎ야 업셔지며 잡바지는지라 쑥겁이 빅호를 향 ㅎ야 진언을 이르이 빅호 도로 되사 되거늘 종들이 쑥겁을 겁ㅎ 거날 되감께셔 더ㅎ더라 쑥겁 하이을 분″ㅎ되 네의들이 마약 니 슐별을 누설ㅎ면 네 의는 다 니기 죽으리라 ㅎ고 짐을 지고 도라오난 길에 두 동셔을 마너되 쑥겁이는 도라 보도 아이ㅎ고 하이들이 보이 장끼 까토리를 세 놈이 무겁게 지고 오거날 무르 이 되답ㅎ되 쑥겁 셔방임 잡은 거시라 ㅎ난지라 두 동셔들

P.29

은 장끼는 고사ㅎ고 쥐 한 마리도 잡지 못하지라 쑥겁이 문왈 자너들은 얼마나 잡아는고 ㅎ며 초 조롱하거늘 두 동셔 그계야 쑥겁의게 비러 왈 주너는 손양을 못 ㅎ여도 관계 업거니와 우리

난 칙망이 이슬 거시이 즈닉 숀양흔 거슬 우리를 쥭면 엇더하리요 쑥겁이 왈 우리 동셔는 늬 무엇슬 엣긔리요 나나 본시 그른 거슬 쥭면 등에 도셔를 치나니 동셔늬도 쪼훌손야 한듸 양이이 산양한 거슬 욕심흐야 즐겨 허락흐니 쑥겁이 핀랑에

P.30

도셔를 늬여 벼로 쑥게를 벗기고 멱를 무쳐셔 등에 치고 종의게 분"흐듸 산양 짐을 다 쥬라 흐듸 쑥겁 연를 듯고 다 쥬이 동셔와 여려 하인이 즐기더라 산양 짐을 지고 드려가니 집 안 스람과 빙부모 칭찬흐더라 쑥겁는 만다연에 틱을 걸고 헐턱""흐며 들러오니 일가 노복이 다 지란 거시 산양이 다 어듸 이스리요 흐더라 그렁져렁
회갑 날 당흐이 마을 지상이면 상쥬하 남네노쇼 업시 모혓난지라 맛 사우도 노범빅을 쥬장흐여 스슈 평풍

P.31

이며 빗난 장막은 일과을 가리우고 청미식은 춤과 노릭 양금 거문고로 히롱흐며 노음율"이 좌우에 벌러잇더라 이러흔 경스의 쑥겁 늬외는 못 오게 흐니 그닉 쑥겁을 믹오 미위함이라 쑥겁 분흐여 거언을 엄흐여 그 허무를 벗고 진언을 엄흐니 하날에서 청노시 한 씰과 하인 열셔시 나려 왈 그 거동을 볼 즉시면 층" 다리 무지긔 안장에 황금 등즈를 거러스며 한인치 뒤 볼 즉시며 스렁쉬렁 병거지에 구초씬 넙게 달고 거무혹 뒤

P.32

홍복롱눌네 미미 고육노리치등을 꺼구로 잡고 쑥겁께 문안ᄒ니 지법 션과에 의복을 가초은고 위문을 나오니 뉘라셔 쑥겁인 쥴 아리요 바로 잔치ᄒᄂ는 □ 사랑의 드러 되감께 뵈오니 되감과 좌즁이 다 이물고 풍치를 보고 노ᄂ니더라 되감이 왈 어되 게시면 뉘 쎡이요잇가 쑥겁니 답 왈 소싱은 평안도 송천부 사옵써이 되″로 부린 등종 두 놈을 일코 찾지 못ᄒ엿더니 소문를 드르니 이 쎡에 왓다 ᄒ기로 불원쳔리 하고 ᄎᄌ

P.33

왓슴니다 되감이 되 왈 니 이번 존체의 일졔이 다 모엿스이 ᄎᄌ 가옵소셔 ᄒ니 쑥겁 왈 이 즁의 업삽고 자근 사랑의 잇스오니 되감은 츙피이 의기지 마옵소셔 ᄒ니 되감 왈 아지 못ᄒ거니와 누긔니잇가 쑥겁 왈 되감 맛 사회 두리로소이다 되감이 긔막혀 묵″부답ᄒ고 두 사회 부쳐 되로하여 왈 저도 일즉 증과하여 벼살이 이품이라 지금은 고사ᄒ고 고향이 도라 왓거이 엇더ᄒ 사람이 왓건되 밋친 말노 경

P.34

소리 하난다 크게 칙망ᄒ이 쑥겁이 왈 두 사람게 표가 잇거날 엇지 남의 말를 헛말이라 ᄒ리요 우리 법은 등의 도셔를 표ᄒᆫ다 ᄒ고 동셔를 가르쳐 왈 져 놈드리 니의 종이로소이다 되감이 긔가 막혀 오슬 벗기고 보니 도셔 완연한지라 쑥겁이 그제야

호령 왈 져 두 놈를 잡아 결박ᄒ라 ᄒ는 소릐 쳔지 진동ᄒ는 듯 하지라 하인이 달여드러 거힝이라 자 ᄒ고 쑥겁이 호령 더욱 추산이라 뉘라셔 능히 그것을 말이리요 쑥겁이 호령

P.35
왈 너의가 의셕 부죡ᄒ여 승젼을 빅반ᄒ고 동망ᄒ여 양반의게 즁관 드러 집업 ᄉ랑의 안젓스이 엇지 망상치 안이 하리요 쏘 호령하여 왈 죵놈를 믜우달늬 항복를 곳 하라 ᄒ는 소릐 쳔지 뒤놋난 듯 ᄒ지라 아에셔 부인 이말 듯고 통곡ᄒ여 왈 팔ᄌ도 무상ᄒ여 ᄯᅡᆯ ᄒ나은 쑥겁ᄉ회 보고 ᄯᅡᆯ 둘은 남의 죵놈 ᄉ회라고 보난고 ᄒ면 잔치는 크거이와 시로히 초승난 집 갓더라 두 ᄉ회 즁인으게 엿ᄌ오듸 져 사람의 한타은 도셔 맛튼 일이 업고 우리 드리

P.36
겨슌의 사양 갈 ᄭᅥ의 쑥겁 동셔를 만늬 한 ᄉ연을 일이ᄒ엿다 히 듸감이 급피 하이를 씌여 쑥겁를 다려오라 하이 지사쳐를 ᄎᄌ도 업난지라 이 연유로 고ᄒ이 듸감이 더욱 놀늬여 하인 슈듸로 ᄉ방으로 ᄎᄌᆫ듸 이 쑥겁이는 발셔 변형ᄒ고 잇는듸 쑥겁를 어듸 가 ᄎᄌ리요 쑥겁이난 분ᄒᆫ 마암은 이루지 못 ᄒ고 그졔야 듸감께 절ᄒ고 엿ᄌ오듸 듸감은 넘은 근심 마압소셔 늬가 쑥겁ᄉ회로소이다 하이 그졔야 듸감이 놀늬여 반겨ᄒ고 쑥

P.37

겁 스회 닉회야 젹실히 쭉스회가 무슴 연고로 허물를 쓰고 사람를 그더지 쏙이나요 쭉겁이 장인 한 말를 듯고 왈 소싱은 본듸 그 모양이 아니라 쳔스의 우슈 맛흔 션관이옵더이 인간의 비 그릇 쥰 죄로 옥황께서 허물 쓰여 인간의 닉치이 어부 양인의게 슈양즈 되게 홈이요 듸감 스회 되기는 다름 안이라 소시 듸 벼슬할 듸의 이미한 사람를 만이 쥭긴 죄로 쭉겁 사회졉계ᄒ고 즈손 업게 한 거시라 하이 그졔야 듸감이

P.38

질겨ᄒ고 슬혀함이 마지 못ᄒ더라 쏘 부인이 〃 말삼 듯고 마암를 진졍치 못하며 깃거ᄒ더라 쏘 층츤ᄒ여 왈 져러한 인물노 그 흉한 허물를 쓰고 일든가 늬 쌀 월셩은 별셔 아랏건마은 그런 말를 츄호도 안 ᄒ이 져련쥴 뉘 아라스리요 ᄒ며 듸단이 즐기더라 져 갓치 죠흔 풍치 이 셰상의 어듸 이스리요 ᄒ며 반기고 조화ᄒ이 뉘 안이 불버하지 안이 하리요 션관이 두 동셔를 도라보고 일너 왈 그듸들은 나를 너무 업씬 넉이난 죄로

P.39

욕를 비엿노라 ᄒ고 션관이 허무를 장인의게 올어 왈 이것를 간슈히 두면 부귀할 것시이니 잘 가슈ᄒ옵소셔 하고 곳 소졔를 쳥ᄒ여 고ᄒ고 이옥ᄒ여 뇌셩벽역이 진동ᄒ면 쳥승의셔 옥교즈가 나려오거날 션관이 빙모께 엿즈오듸 졍이 셥〃ᄒ오나 쳔명

를 이기못ᄒᆞ여 쳔승으로 올나가오이 졍인 셥〃ᄒᆞ오나 무가ᄂᆡ라 하고 만슈무량하옵소셔 ᄒᆞ고 ᄯᅩ 소졔의게 말ᄒᆞ여 왈 부모을 뫼시고 평안이 게시옵소셔 한ᄃᆡ 소졔 ᄃᆡ

P.40
경 왈 옛부터 여필종부라 하엿스이 엇지 가군를 ᄯᆞᆯ치 안이 하리 요 ᄒᆞ이 션관이 왈 나를 ᄯᆞ라 오랴고 엇지 부모를 이별하리요 ᄒᆞ고 인하여 소져와 션관이 함께 하직ᄒᆞ이 부모 양인이 낙심ᄒᆞ여 눈물를 흘여 왈 ᄭᅮᆷ졀이야 싱시야 이거시 왼 일리요 ᄒᆞ며 손를 잡고 통곡하야 할 길 업ᄂᆞᆫ지라 소졔 더옥 ᄃᆡ곡 왈 불효여식은 싱각지 말르시고 만셰무량하옵소셔 ᄒᆞ고 션관이 소졔를 다리고 옥교자

P.41
의 올르이 난ᄃᆡ업난 불텅이 오락가락 ᄒᆞ며 쌍무지기 자옥ᄒᆞ여지며 사람을 분별치 못할 지음의 풍파 일어나며 옥싴 차 우의 왈연이 올르더라

이 칙을 보시면 아무라도 ᄉᆞ람를 업슨 녀길 것이 아이라
이 칙 글시 되지 못하엿스이 눌녀 보심를 희망하압나이다

이 칙 쥬ᄂᆞᆫ 연고 ᄃᆡ라
갑인연 벗게 노나라

■ 〈김광순 소장 필사본 고소설 100선〉 간행 ■

□ 제1차 역주자 및 작품

역자	소속	학위	작품
김광순	경북대학교	문학박사	진성운전
김동협	동국대학교	문학박사	왕낭전 · 황월선전
정병호	경북대학교	문학박사	서옥설 · 명배신전
신태수	영남대학교	문학박사	남계연담
권영호	영남대학교	문학박사	윤선옥전 · 춘매전 · 취연전
강영숙	경북대학교	문학박사	수륙문답 · 주봉전
백운용	경북대학교	박사수료	강릉추월전
박진아	경북대학교	박사수료	송부인전 · 금방울전

□ 제2차 역주자 및 작품

역자	소속	학위	작품
김광순	경북대학교	문학박사	숙영낭자전 · 홍백화전
김동협	동국대학교	문학박사	사대기
정병호	경북대학교	문학박사	임진록 · 유생전 · 승호상송기
신태수	영남대학교	문학박사	이태경전 · 양추밀전
권영호	경북대학교	문학박사	낙성비룡
강영숙	경북대학교	문학박사	권익중실기 · 두껍전
백운용	경북대학교	박사수료	조한림전 · 서해무릉기
박진아	경북대학교	박사수료	설낭자전 · 김인향전